Carsten Sick

Hans Globke (1898-1973)

Carsten Sick

Hans Globke
(1898-1973)

Eine bundesdeutsche Nachkriegskarriere?

Deutscher Wissenschafts-Verlag (DWV)
Baden-Baden

Cover-Gestaltung: *DWV in Zusammenarbeit mit dem Autor*
Coverabbildung: *Hans Globke im März 1963, am Schreibtisch sitzend*
(Bundesarchiv, B145 Bild-FO15051-0008 / Patzek, Renate / CC-BY-SA 3.0)

Bibliografische Information Der Deutschen Nationalbibliothek
Die Deutsche Nationalbibliothek verzeichnet diese Publikation in der Deutschen Nationalbibliografie; detaillierte bibliografische Daten sind im Internet über http://dnb.dnb.de abrufbar.

Bibliographic information published by Die Deutsche Nationalbibliothek
Die Deutsche Nationalbibliothek lists this publication in the Deutsche Nationalbibliografie; detailed bibliographic data are available in the Internet at http://dnb.dnb.de.

Information bibliographique de Die Deutsche Nationalbibliothek
Die Deutsche Nationalbibliothek a répertorié cette publication dans la Deutsche Nationalbibliografie; les données bibliographiques détaillées peuvent être consultées sur Internet à l'adresse http://dnb.dnb.de.

1. Auflage
Gedruckt auf alterungsbeständigem, chlorfrei gebleichtem Papier

Deutscher Wissenschafts-Verlag (DWV)®
Postfach 11 01 35
D–76487 Baden-Baden

www.dwv-net.de
www.UniversityPress.de

ISBN: 978-3-86888-162-2

In dubio pro reo
(Rechtsgrundsatz)

Inhaltsverzeichnis

Vorwort

Keine Persönlichkeit aus dem Regierungsapparat der jüngeren Bundesrepublik Deutschland polarisiert so stark wie Hans Maria Globke, Konrad Adenauers damaliger Staatssekretär im Bundeskanzleramt. Gilt er den einen als heimlicher Unterstützer der vom NS-Regime Entrechteten, ja sogar als Widerstandskämpfer im Dritten Reich, so ist er für andere ohne Frage ein Schreibtischtäter, der das Unrechts-System während seiner Amtszeit im Reichsinnenministerium aus Überzeugung unterstützt hat.

Dass diese Schwarz-Weiß-Zeichnung Globkes bis heute besteht, zeigen die beiden zuletzt erschienenen biografischen Publikationen in Buchform von Erik Lommatzsch (2009) und Klaus Bästlein (2018). Beide kommen auf nahezu gleicher Quellengrundlage (wobei Lommatzsch den tieferen Einblick in Globkes Nachlass genommen hat) zu diametral entgegengesetzten Urteilen in der Frage um Globkes strafrechtliche und moralische Schuld. Mit der vorliegenden Veröffentlichung möchte der Autor einen anderen Weg begehen, sich der schematischen Beurteilung Globkes entziehen und sich eher in die Graubereiche um dessen Person begeben, wird Globke in der Legendenbildung auch nicht selten als *Graue Eminenz* bezeichnet. Die vorwiegend chronologische und an den Zeitereignissen orientierte Behandlung des Themas mag dem Leser eventuell zu einer nüchternen Betrachtung des „Protagonisten" verhelfen.

Der private Hans Globke soll dabei nicht ganz außer Acht bleiben. Wer war Hans Globke? Wie tickte dieser Mann, der sich eine umfangreiche Sammlung von antiken Münzen aus dem armenischen und persischen Reich anlegte, dessen historische Kenntnisse im Alter herausragend waren, dessen dahingehende Interessen bereits in seiner Kindheit in Aachen durch die ständige Präsenz des Frankenkönigs Karl des Großen geweckt worden waren?

Damals in der Kaiserstadt Aachen konnte Globke noch nicht ahnen, dass er einmal einem nicht minder bedeutenden, wenn auch weitaus skrupelloseren Fürsten folgen würde: Er leistete seinen Amtseid auf Adolf Hitler. Laut eigenen Aussagen will er sich dabei schweigend in eine Nische zurückgezogen haben. Wir dürfen diese Legende getrost als Peinlichkeit außer Acht lassen. Jedenfalls verblieb Globke bei der nationalsozialistischen Umstrukturierung des preußischen Verwaltungs- und Regierungsapparats im Innenministerium und war von Berufs wegen an der Kommentierung der Nürnberger Rassegesetze beteiligt.

Wiederum viele Jahre später stand er im Dienst eines Mannes, dessen vornehmliche Aufgabe darin bestand, die Schuld am Holocaust einzugestehen, Abbitte und Wiedergutmachung zu leisten, das Vertrauen der internationalen Völker in die Deutschen und für die Deutschen zurückzugewinnen. In schwindelerregendem Tempo gelang Konrad Adenauer das, was kaum jemand für möglich gehalten hätte, und das nicht zuletzt durch die aktive Mithilfe von Hans Globke, der diese Entwicklung aus dem Hintergrund koordinierte.

Aus gutem Grund hielt Konrad Adenauer bis zuletzt an seinem Staatssekretär Globke fest, selbst in Momenten der größten Angreifbarkeit und auch der tatsächlichen Angriffe. Es ist nur folgerichtig, dass Globke zusammen mit seinem Dienstherrn im Oktober 1963 den Hut nahm und aus dem Kanzleramt schied. Danach wurde es still um Hans Globke. Er verstarb 1973 nach langer Krankheit in Bonn.

Kindheit, Jugend und frühe Karriereschritte

Hans Josef Maria Globke wird am 10. September 1898 als zweiter Sohn von Josef und Sophie (geborene Erberich) Globke in Düsseldorf geboren. Der Vater (1856-1920) stammt aus Westpreußen nahe bei Danzig, die Mutter (1876-1954) aus Düsseldorf. Die Urahnen väterlicherseits lassen sich geografisch bis nach Pommern und Polen zurückverfolgen. Kurz nach der Geburt von Hans zieht die Familie nach Aachen, wo der Vater eine gut gehende Tuchgroßhandlung übernimmt. In diesem kleinbürgerlichen, streng katholischen Milieu wächst Hans Globke heran. Besonders prägend zeigt sich dabei das ruhige und abgeklärte Wesen seines Vaters Josef. Dieser gehört politisch bereits früh dem Zentrum an und neigt wenig zu Extremen, eher zu Gemütsruhe und Nüchternheit, auch im Umgang mit den Kindern. 1902 wird Hans' Schwester Anna geboren, 1904 folgt Helene. Es sind nun insgesamt vier Kinder, die die Eltern zu ernähren haben. Dank der vergleichsweise gut laufenden Geschäfte lässt sich das problemlos bewerkstelligen. Hans verbringt seine Ferien regelmäßig bei Verwandten in seiner Geburtsstadt Düsseldorf und besucht dort den Künstlerverein „Malkasten", wodurch er schon früh mit den bildendenden Künsten in Kontakt kommt, eine Leidenschaft, der er später nur noch im Stillen nachgeht. Ab 1908 besucht er das Kaiser-Karls-Gymnasium in Aachen. Die überwiegende Mehrheit des Personals wie der Schüler ist katholisch, was zu Hans' familiärem Hintergrund passt. Die humanistische Bildung sowie die permanente „Gegenwart" Karls des Großen in Aachen machen Hans früh zu einem Geschichtsexperten. Nach Globkes eigener Erinnerung werden die Schüler des Kaiser-Karls-Gymnasiums *nicht preußisch, sondern deutsch erzogen, in einem vorbildlichen Geist der Toleranz gegenüber anderen Glaubensüberzeugungen und Ansichten.*[1] Überhaupt lässt die Nähe Aachens zum Dreiländereck Globke in seinen jungen Jahren länderübergreifend Kulturen kennen- und schätzen lernen. Später beherrscht er die französische und die niederländische Sprache weitgehend. Am 15. November 1916 besteht Globke das Abitur.

Noch im gleichen Jahr wird er als Kanonier der Artillerie zum Kriegsdienst an die Westfront eingezogen. Die zwei Jahre dauernde Kriegserfahrung scheint keinen besonderen oder gar traumatischen Eindruck auf sein Gemüt zu hinterlassen. Ab 1918 absolviert er ein Jura-Studium in Bonn und Köln. Seine Leistungen sind gut, aber nicht überdurchschnittlich. Er ist ein fleißiger und „schneller" Student, zumal ihm für das Studium nicht übermäßig viel Geld zur Verfügung steht. Er besucht allerdings auch wirtschafts- und geisteswissenschaftliche Seminare, die gebührenfrei sind. In Bonn ist er Mitglied der Bavaria, in Köln Mitglied des Cartellver-

---

[1] Vgl. Hehl, Ulrich von: Hans Globke (1898-1973). In: Zeitgeschichte in Lebensbildern. Band 3. Aus dem deutschen Katholizismus des 19. und 20. Jahrhunderts. Hrsg. von Jürgen Aretz, Rudolf Morsey und Anton Rauscher. Mainz 1979, S. 248

bandes der katholischen deutschen Studentenverbindung. Dies mag ein frühes Zeugnis für Globkes Geselligkeit sein, die man ihm aufgrund seines eher zurückhaltenden und verschlossenen Wesens nicht ohne weiteres zutrauen würde. Zugleich lernt er in diesen Kreisen auch die hohe Kunst des Kontakte-Knüpfens und wird bereits früh ein Netzwerk-Experte.

Als der Vater 1920 stirbt, wird das Geld für Globke knapper, und er beeilt sich, sein Studium abzuschließen. Im Mai 1921 besteht er das erste Staatsexamen mit der Note „ausreichend". Es beginnt die Referendarzeit im Großraum Köln, wo er bei seinem Onkel unterkommt. Im September des gleichen Jahres beschlagnahmen belgische Besatzer einen Teil seines Elternhauses in Aachen. Globke kann seinen Unterhalt jetzt nur noch durch bewilligte Zuschüsse bestreiten. Im Mai 1922 promoviert er „magna cum laude" mit dem Thema „Die Immunität der Mitglieder des Reichstags und der Landtage". Im gleichen Jahr tritt er der katholischen Zentrumspartei bei, der auch schon sein Vater angehört hatte. Im April 1924 absolviert er das zweite Staatsexamen und beginnt als Assessor bei verschiedenen Anwälten in Aachen. Für den dortigen Ortsbezirksverein wird er Mitglied des Zentrumsvorstandes.

1925 nimmt die berufliche Karriere von Globke Fahrt auf. Er wird stellvertretender Polizeipräsident von Aachen. Aachen ist zu dieser Zeit von alliierten Truppen besetzt, und Globke übt sich hier bereits früh in der Rücksichtnahme auf divergierende, auch internationale Interessen. Im November 1929 folgt die Ernennung zum Regierungsrat. Im Dezember wird er nach Berlin versetzt, wo er wunschgemäß seinen Verwaltungsdienst im Preußischen Innenministerium beginnen kann. Globke wird der Abteilung I für Gesetzgebung und Verfassung zugeteilt. Ab 1932 ist er dort selbständiger Referent für Verfassungs- und Staatsrecht. Zu dieser Zeit ist der Sozialdemokrat Carl Severing als Innenminister sein oberster Dienstherr.

Ministerialbeamter im Dritten Reich

Mit Zunahme der nationalsozialistischen Kraft in Deutschland muss Globke im Innenministerium von Amts wegen Gesetzesentwürfe und -kommentare schreiben und vorlegen, die merklich dem Zweck dienen, bestehende Reichsgesetze außer Kraft zu setzen. Das wird dem korrekten Beamten und Verfassungsexperten übel aufgestoßen sein. Insbesondere die Gleichschaltung der preußischen Regierung am 20. Juli 1932, die unter der Bezeichnung „Preußenschlag“ in die Geschichtsbücher eingegangen ist, erkennt er als verfassungswidrig und äußert sich dementsprechend kritisch. Ob das allerdings wirklich seine Beförderung zum Oberregierungsrat verzögert, wie es ab und an in der Literatur beschrieben wird, bleibt unbelegt.

Am 13. Januar 1933 übernimmt Adolf Hitler die Kanzlerschaft über das Deutsche Reich. Globke verliert seine Zuständigkeit für das Saarreferat, das einem überzeugten Nationalsozialisten zugeteilt wird. Am 24. März des gleichen Jahres tritt das Ermächtigungsgesetzt in Kraft. Dies bedeutet die vollständige Übertragung der gesetzgebenden Gewalt auf Adolf Hitler und damit das Ende der parlamentarischen Demokratie. Am 5. Juli des gleichen Jahres wird die Zentrumspartei aufgelöst. Noch im Dezember erfolgt Globkes nachgezogene Beförderung zum Oberregierungsrat.

Im Sommer 1934 zeigt Adolf Hitler dann unverblümt sein wahres Gesicht, als er im Zuge des *Röhmputschs* zahlreiche potentielle Konkurrenten und politische Gegner ermorden lässt. Globkes Urteil über Hitler fällt in diesem Zusammenhang deutlich aus: „Entweder ein Wahnsinniger oder ein Verbrecher.“[2] Unter den Opfern des Röhmputschs befindet sich auch Ministerialdirektor Erich Klausener, den Globke vom Stammtisch her kennt. Dennoch lässt Globke sich einen Monat später – als das Amt des Reichspräsidenten mit dem des Reichskanzlers zusammengelegt wird – auf den nunmehr allmächtigen Adolf Hitler vereidigen. Er zieht sich dabei laut Eigenaussage in eine Nische zurück, um das Aussprechen des Eides zu vermeiden. Absurd, denn tatsächlich bestätigt er seine Vereidigung in einem offiziellen Schreiben am 27. August 1934:

> *Ich bestätige hiermit, daß ich heute den folgenden durch Gesetz vom 20. August 1934 (Reichsgesetzblatt I Seite 785) vorgeschriebenen Diensteid geleistet habe. „Ich schwöre: Ich werde dem Führer des Deutschen Reiches und Volkes, Adolf Hitler, treu und gehorsam sein, die Gesetze beachten und*

2 Zitiert aus der Erinnerung von Eduard Schick, vgl. Gotto, Klaus (Hrsg.): Der Staatssekretär Adenauers. Persönlichkeit und politisches Wirken Hans Globkes. Stuttgart 1980, S. 49

meine Amtspflichten gewissenhaft erfüllen, so wahr mir Gott helfe". Berlin, den 27. August 1934, Dr. Hans Globke, Oberregierungsrat[3]

Globke behält seine Karriere im Auge und möchte in dieser frühen und unsicheren Zeit nach der Machtergreifung nicht riskieren, sein Amt zu verlieren. Er bleibt ein Beamter des deutschen Reiches. Man kann aber davon ausgehen, dass er kein gesinnungsmäßiger Nationalsozialist und Antisemit ist. Er wird niemals Mitglied der NSDAP.[4] Von seiner politischen Herkunft her ist er eindeutig im Zentrum zu verorten. Auch als überzeugter katholischer Christ steht er dem Nationalsozialismus nicht nahe und er hat jüdische und halbjüdische Bekannte, zu denen er auch in der Zeit des Dritten Reiches Kontakt hält.[5] Allenfalls in der Schlagformel „die Juden haben unseren Heiland ans Kreuz genagelt" mag Globke gemeinsame Anklänge an die antisemitischen Tendenzen seiner Zeit empfinden. Das bleibt Spekulation und ist nicht belegbar. Vermutlich war Globke zu intelligent, als dass er einer derart trivialen Psychologisierung gefolgt wäre. Dennoch wird Globke hin und wieder unkritisch als „Antisemit" eingestuft.[6] Eindeutige Belege aus dem persönlich-privaten Bereich Globkes bleiben in solchen Fällen jedoch aus. Das Oberste Gericht der DDR beschließt am 23. Juli 1963 ein verheerendes Gesamturteil gegen Globke, hierzu später mehr. Aber selbst in diesem Urteil, das zweifelsfrei Resultat eines propagandistischen Schauprozesses ist, kann Globke nicht nachgewiesen werden, dass er sich an der Machtergreifung und der Durchsetzung des „Führerprinzips" beteiligt habe, was indirekt wenigstens Rückschlüsse auf Globkes innere Einstellung zum Nationalsozialismus zulässt.

Am 1. November 1934 folgt die Zusammenlegung des Preußischen Innenministeriums mit dem Reichsministerium des Innern unter der Leitung Wilhelm Fricks.[7] Im Zuge dessen muss Globke den Bereich Verfassungsangelegenheiten an eine andere Person übergeben. Wie im Falle der Abgabe des Saarreferats zuvor, ist nicht nachweisbar, ob Mutmaßungen über Globkes fehlende Linientreue bei dieser Beschränkung eine Rolle gespielt haben. Jedenfalls bleiben Globke wesentlich die Bereiche „Namens-" und „Personenstandssachen".

---

[3] Vgl. Strecker, Reinhard-M. (Hrsg.): Dr. Hans Globke. Aktenauszüge. Dokumente. Hamburg 1961, S. 53

[4] Globke stellte erst 1940 möglicherweise auf Rat von außen einen Antrag auf Parteimitgliedschaft. Dieser wurde jedoch von Martin Bormann, Stabsleiter unter Rudolf Heß, aufgrund von Globkes langjähriger Zugehörigkeit zum Zentrum und seiner Kontakte zur katholischen Kirche negativ beschieden.

[5] Vgl. Gotto, S. 256

[6] S. z. B. Bästlein, Klaus: Der Fall Globke. Propaganda und Justiz in Ost und West. Berlin 2018, S. 22

[7] Wilhelm Frick (1877-1946), dt. Jurist und nationalsozialistischer Politiker, von 1933-1945 Reichsinnenminister, hingerichtet am 16.10.1946

Tatsache ist, dass Globke *zu keiner Zeit* „Judenreferent“ bzw. Rassereferent ist. Dies ist Bernhard Lösener, zunächst ein überzeugtes Parteimitglied, später dann aber mit zunehmender Distanz zum Regime. Globke ist Korreferent für Rassefragen. Und als solcher hat er *keine* Entscheidungsgewalt in der Judengesetzgebung.

Einstweilen nimmt allerdings Globkes privates Glück Fahrt auf: Am 30. Juli 1934 heiratet er die acht Jahre jüngere Augusta Maria, geborene Vaillant, in Remscheid. Sie stammt aus der Vaillant-Dynastie, die das Unternehmen für Warmwasseröfen mit dem berühmten Hasen im Firmenlogo führt. Augusta kommt aus reichem Hause. Um eine Ausbildung zur Fotografin zu absolvieren, ist sie zuvor nach Berlin gezogen, wo sie Globke kennen- und lieben lernt. Durch diese Verbindung wird Globke zu einem vermögenden Mann, was nicht heißen soll, dass es keine Liebesverbindung ist. 1935 geht daraus der erste Sohn, Hans, hervor.

Im darauf folgenden Jahr arbeitet Globke seinen berüchtigten Kommentar zu den Nürnberger Rassegesetzen[8] aus. Globke ist – entgegen anders lautender Gerüchte – kein Mitautor der Rassegesetze. Die Rassegesetze sind ein Jahr zuvor in der Parteikanzlei Adolf Hitlers unter der Hauptaufsicht von Rudolf Heß[9] entstanden. Globke hat die Gesetze allerdings kommentiert. Das ist der Vorwurf, der bestehen bleibt. Globke soll den Kommentar ursprünglich mit seinem direkten Vorgesetzten, Wilhelm Stuckart[10] verfassen. Stuckart wird aber krank und steuert letztlich nur das Vorwort bei.

Dieser erste Kommentar aus der Feder von Hans Globke ist vergleichsweise wenig „scharf“ gehalten, was zu der Vermutung Anlass gibt, Globke habe indirekte Hilfestellung für die vom NS-Regime verfolgten Bevölkerungsteile ermöglichen wollen. Dies entspricht auch der späteren Argumentationsführung von Globke selbst. Jedenfalls ist der Kommentar in den allgemein-ideologischen Passagen sehr drastisch und radikal formuliert, während er in den vertiefenden, gesetzlich verwertbaren Stellen eher unkonkret und offen formuliert bleibt bzw. die Zahl der negativ Betroffenen möglichst gering zu halten versucht.

Zwei ganz konkrete Beispiele aus dem Kommentar:

> *Mischlinge zweiten Grades oder deutschblütige Personen gelten auch dann nicht als Juden, wenn sie der jüdischen Religionsgemeinschaft angehören.*[11]

---

8 U. a. zum „Reichsbürgergesetz“, zum „Blutschutzgesetz“ sowie zum „Erbgesundheitsgesetz“. Letzteres gehört nicht zu den Nürnberger Gesetzen im engeren Sinne.

9 Rudolf Heß (1894-1987), nationalsozialistischer Politiker, ab 1933 Reichsminister und Stellvertreter Hitlers in der NSDAP-Leitung, ab 1939 Ministerrat für die Reichsverteidigung, am 1.10.1946 zu lebenslanger Haft verurteilt, 1987 Tod durch Suizid

10 Dr. Wilhelm Stuckart (1902-1953), dt. Verwaltungsjurist und nationalsozialistischer Politiker, Staatssekretär und SS-Obergruppenführer

11 Reichsbürgergesetz vom 15. September 1935. Gesetz zum Schutze des deutschen Blutes und der deutschen Ehre vom 15. September 1935. Gesetz zum Schutze der Erbgesundheit

Man erkennt hier deutlich die Tendenz, den Begriff „Jude" eng auszulegen. In strittigen Fällen kann das zugunsten der Betroffenen gewertet werden. Außerdem wird als Jude nach Globke nur angesehen, wer mindestens drei volljüdische Großeltern hat. Vierteljuden werden den „Deutschblütigen" gleichgestellt, Halbjuden erhalten einen Sonderstatus. Man kann sicher davon ausgehen, dass der Juden-Begriff sehr viel weiter ausgelegt worden wäre, wenn die Parteizentrale unter Rudolf Heß die alleinige diesbezügliche Entscheidung getroffen hätte.

Ein weiteres Beispiel aus Globkes Kommentar:

> *Im übrigen ist Mischlingen, soweit nicht etwa berufsständische Organisationen mit Zustimmung des Reichsministers des Inneren und des Stellvertreters des Führers* [...] *Beschränkungen anordnen, die Berufsausübung grundsätzlich freigestellt, insbesondere unterliegt auch ihre Tätigkeit im Wirtschaftsleben keiner Beschränkung.*[12]

Hier wendet sich der Kommentar unter Vorbehalt gegen die wirtschaftliche Ausgrenzung großer Teile der Bevölkerung.

Es gibt allerdings auch Gegentendenzen im Text. So sagt der SPD-Abgeordnete Adolf Arndt[13] in einer Bundestagsrede am 12. Juli 1950: „Ich habe mich mit ihm [dem Kommentar] befasst, und es ist nicht richtig, dass er auch nur überwiegend oder überhaupt von der Tendenz getragen sei, zu helfen. Es ist sogar eine teilweise extensive Auslegung dieser Schandvorschriften darin gegeben [...]." Dass der Kommentar entschärfende Tendenzen enthält, wurde oben gezeigt. Arndt gibt in seiner Rede auch nur ein einziges Gegenbeispiel, und das betrifft die so genannte *Rassenschande*, also den Geschlechtsverkehr zwischen Juden oder Mischlingen und „Ariern". Schauen wir in den weiteren Wortlaut der Rede Arndts: „Es ist sogar eine teilweise extensive Auslegung dieser Schandvorschriften darin gegeben, zum Beispiel die, daß die sogenannte Rassenschande unter Umständen sogar dann strafbar sei, wenn sie im Ausland verübt wurde." Hier lässt sich in der Tat eine Tendenz zur extensiven Auslegung des Gesetzes erkennen. Zugunsten von Globke sei aber gesagt, dass Arndt den Kommentar – erwartungsgemäß – nicht wörtlich zitiert. Schaut man sich den tatsächlichen Wortlaut von Globkes *Kom-*

---

des deutschen Volkes (Ehegesundheitsgesetz) vom 18. Oktober 1935. Nebst allen Ausführungsvorschriften und den einschlägigen Gesetzen und Verordnungen. Erläutert von Staatssekretär Dr. Stuckart u. Oberregierungsrat Dr. Globke. Kommentare zur deutschen Rassengesetzgebung, Band I. München, Berlin 1936, S. 55

12 Stuckart/Globke, Kommentare, S. 67

13 Arndts vehemente Angriffe gegen die Person Globkes erklären sich auch aus seiner Biografie heraus: Arndt war selbst ein Verfolgter des Nationalsozialismus. Als „Halbjude" eingestuft, wurde er 1944 inhaftiert, konnte 1945 nach Schlesien und anschließend nach Westfalen flüchten.

mentar zum Thema *Rassenschande* weiter an, so lässt sich durchaus wieder eine Entschärfung erkennen:

> *Unter Geschlechtsverkehr ist zwar nicht nur der Beischlaf, das heißt die natürliche Vereinigung der Geschlechtsteile zu verstehen, sondern auch beischlafähnliche Handlungen, z. B. gegenseitige Onanie. Im Hinblick auf den Zweck des Verbots, mischrassige Nachkommenschaft zu verhüten, verbietet sich aber jede hierüber hinausgehende Auslegung des Begriffes Geschlechtsverkehr; sonstige Handlungen erotischer Art, z. B. Küsse, Umarmungen, unzüchtige Berührungen fallen nicht unter das Verbot.*[14]

Zwar vertritt Globke hier noch den Gedanken, auch Onanie als Geschlechtsverkehr zu werten. Der darüber hinausgehende Teil des Kommentars zielt aber merklich darauf ab, die Gesetzgebung zu entschärfen und den Kontakt zwischen Juden und Nicht-Juden im Rahmen des Möglichen und vor allem in der Öffentlichkeit zu erleichtern. Es stellt sich schon die Frage, warum ein gesinnungsmäßiger Nationalsozialist die Rassegesetze so kommentiert haben sollte.

Der Herausgeber der „Allgemeinen Wochenzeitung der Juden in Deutschland" hat Globkes Kommentar später von fünf jüdischen Juristen prüfen lassen. Allesamt sind zu dem Ergebnis gekommen, dass Globkes Kommentar „mit Abstand der günstigste von vier vorhandenen Kommentaren war."[15] Inwieweit dies der Tatsache geschuldet ist, dass es sich um den frühesten Kommentar handelt und dieser somit der noch allgemein mäßigeren Judendiskriminierung folgt, bliebe noch zu klären. Zudem darf nicht unerwähnt bleiben, dass die Bundesrepublik Deutschland im Zuge des Luxemburger Abkommens von 1952 Gelder und Waren als Ausgleich für die im Holocaust verübten Verbrechen an den Staat Israel zahlte. Das Luxemburger Abkommen wäre aber ohne die frühe und geschickte Mitwirkung Globkes im Hintergrund wahrscheinlich nicht in seiner vollständigen Tragweite zustande gekommen (hierzu später mehr). Vom jüdischen Urteil über Globkes Person und Vergangenheit konnte also auch abhängen, ob und in welchem Umfang die Ausgleichsleistung an den Staat Israel in den Folgejahren weiterhin stattfand.

Aber zurück in die schreckliche Zeit des Nationalsozialismus: Globke ist von Amts wegen auch für die juristische Kommentierung der Zwangsänderung jüdischer Vornamen federführend. Bereits früh beginnen das NS-Regime wie auch Teile der Bevölkerung die Kenntlichmachung der jüdischen Abstammung auch in der Namensgebung zu fordern, beispielsweise durch ein Anhängen der Bezeichnung „Judd" oder „Itzig" an den Nachnamen der Betroffenen. Globke kann solche Forderungen zunächst durch Verweis auf den verwaltungstechnischen Aufwand

---

14 Stuckart/Globke, Kommentare, S. 112

15 Der Spiegel, Nr. 14, 1956, S. 19

abwenden, mit dem eine solche Maßnahme verbunden wäre. Auch eine zeitliche Verzögerung unter Hinweis auf die bevorstehenden Olympischen Spiele im Jahr 1936 und die negative Außenwirkung einer solchen Aktion gelingt ihm zunächst. Schließlich aber muss er sich dem Druck beugen. Mildernd wirkt er nun lediglich noch in der Hinsicht, dass dem Nachnamen nicht wie geplant ein diskriminierendes Anhängsel beigefügt wird, sondern dass der Vorname der Betroffenen durch einen besonders beliebten jüdischen Vornamen ergänzt wird, nämlich „Israel" bei Männern und „Sara" bei Frauen. Dem eigentlichen Zweck der gesetzlichen Regelung ist damit natürlich kein Abbruch getan: Juden sind jetzt namentlich als solche zu erkennen. Einer weiteren Ausgrenzung und Entrechtung dieser Bevölkerungsgruppe sind damit alle Tore geöffnet.

In Einzelfällen hilft Globke den Verfolgten des NS-Regimes jedoch nachweislich, sei es durch Beratung ihrer Anwälte, durch Vermittlung von moderaten Beamten, durch die Weitergabe von Informationen oder auch durch das banale Verlegen von Akten bzw. die Verzögerung von Verfahren. Das ist durch Zeugnisse und Dokumente belegbar.[16] Es finden sich in der Literatur allerdings keine konkreten quantitativen Angaben zu solchen Zeugnissen. Die Zahl der direkt angeführten Beispiele erscheint – angesichts der Dauer des Dritten Reiches – überschaubar. Globke hilft in Einzelfällen meist auch nur dann, wenn jemand von außen an ihn herantritt und aktiv um Hilfe bittet. Er bestätigt das indirekt selbst: „Ich habe unterschiedslos jedem zu helfen versucht, *der zu mir kam.*"[17] Dies mag man ihm als zu passiv und abwartend auslegen, man sollte allerdings auch die Notwendigkeit eines vorsichtigen Taktierens von seiner Seite berücksichtigen.

Bereits seit seinem Umzug nach Berlin beginnt Globke, die katholische Kirche bzw. das Bischöfliche Ordinariat in Berlin mit Informationen über die Pläne der Nationalsozialisten und deren bevorstehende Durchführung zu informieren. Dass er dies tut, belegt eine spätere Erklärung des Berliner Bischofs, Kardinal Konrad von Preysing:

> *Herr Ministerialrat Dr. Hans Globke ist mir persönlich bekannt. Ich achte ihn als einen überzeugten katholischen Christen, dessen Leben und Handeln von den Grundsätzen des katholischen Glaubens bestimmt waren. Er hat die Gefahren und Irrtümer des Nationalsozialismus richtig eingeschätzt und verurteilt. Über diese seine grundsätzliche Ablehnung hinaus war Dr. Globke stets bemüht, Übergriffe, Ungerechtigkeiten und Gewaltakte des Nationalsozialismus zu verhindern und zu unterbinden, soweit es ihm innerhalb seines Arbeitsbereiches möglich war. So informierte er mich und*

---

16 Vgl. hierzu Lommatzsch, Erik: Hans Globke und der Nationalsozialismus. Eine Skizze. In: Historisch politische Mitteilungen. Archiv für Christlich-Demokratische Politik. 10 Jahrgang 2003. Köln 2003, S. 65 f.

17 Gotto, S. 225, meine Hervorhebung

meine Mitarbeiter über Pläne und Beschlüsse des Innenministeriums, gab uns auch Kenntnis von streng geheimgehaltenen Gesetzesentwürfen und lieferte uns auf diese Weise das Material zu Protesten und Drohungen, die bei den Regierungsstellen Hilflosigkeit und Zorn zugleich auslösten, da sie Kenntnis streng geheimgehaltener Vorgänge verrieten. Eine Zeit hindurch mußten wir Herrn Dr. Globke fast täglich in Anspruch nehmen. Stets stand er uns in opferbereiter Weise zur Verfügung. Oft hat er auch selbst Initiative ergriffen. Besonders unserer Hilfsarbeit für die verfolgten Juden und Halbjuden hat er durch seine Mitteilungen und rechtzeitigen Warnungen die wertvollsten Dienste geleistet. Wenn er auch umsichtig, besonnen und klug handelte, setzte er dabei doch jedesmal seine Freiheit, ja sein Leben aufs Spiel. So hat er in selbstloser Weise Verfügungen und Gesetzesvorlagen des Judendezernates im Innenministerium wirkungsvoll sabotiert. Es ist wohl in erster Linie seiner klugen und mutigen Zusammenarbeit mit Mitarbeitern des Berliner Ordinariates zu verdanken, daß zwei Gesetzesentwürfe, die die Zwangsscheidung aller rassischen Mischehen bezweckten, durch die drohende Haltung des Deutschen Episkopates keine Gesetzeskraft erhielten. Da diese Zersetzungsarbeit um ihrer Wirkung willen von allen Beteiligten streng geheimgehalten werden mußte, ist es allen Nichtbeteiligten unbekannt geblieben, was die Juden in Deutschland Herrn Dr. Globke zu verdanken haben.[18]

Im Jahr 1937 übernimmt Globke im Innenministerium den Bereich „Internationale Fragen auf dem Gebiet des Staatsangehörigkeitswesens“. Er bleibt aber ein vergleichsweise kleiner Beamter in der Abteilung I des Innenministeriums, die sich im ersten Halbjahr 1938 wie folgt zusammensetzt:

Leiter: Dr. Stuckart, Staatssekr., Vertreter: Hering, MinDirig., GRR.

Vertreter für die Unterabteilung: Dr. Danckwerts, MinR.

Ministerialräte: Dr. Danckwerts; Driest; Erbe; Dr. Ermert; Dr. Fuchs; Dr. Hoche; Dr. Hubrich; Dr. Lösener; Dr. Medicus[19]

Erst bei den nun folgenden sonstigen Referenten und Hilfsreferenten wird „Dr. Globke, ORR“ aufgeführt. Seine formale Beförderung zum Ministerialrat am 13. Juli 1938 ist denn auch seine letzte in der Zeit des Dritten Reiches.

Im September 1938 ist Globke bei einer Konferenz in Bern anwesend, in deren Verlauf Vertreter der Schweizer Regierung eine Kenntlichmachung von deutschen Juden auch in deren Reisepässen fordern, offensichtlich zu dem Zweck, eine Einreise in die Schweiz zu erschweren bzw. zu verhindern. Globke, der in dieser Angelegenheit eigentlich nicht zuständig ist, schlägt vor, anders vorzuge-

---

[18] Gotto, S. 266 f.

[19] Zitiert nach dem Preußischen Verwaltungshandbuch, vgl. Strecker, S. 81

hen und stattdessen die Pässe von deutschen Nichtjuden, die in die Schweiz reisen möchten, mit einem entsprechenden Vermerk zu versehen. Das hätte für die jüdische Bevölkerung eventuell eine Ausreise in andere Länder erleichtert, so die Idee. Globkes Vorschlag wird jedoch nicht umgesetzt. An dessen statt werden alle deutschen Reisepässe von Juden mit einem „J" bedruckt. Die Kenntlichmachung erfolgt damit wesentlich drastischer und offensichtlich.

1939 wird Globkes Tochter Marianne geboren. Im gleichen Jahr bricht der Zweite Weltkrieg aus. Globke ist theoretisch mit dem Verwaltungsaufbau und der Organisation in den eroberten und besetzten Gebieten beauftragt. Zu diesem Zweck muss er mit seinem Abteilungsleiter Wilhelm Stuckart wie auch mit dem Innenminister Wilhelm Frick zahlreiche Reisen ins Ausland unternehmen. Ziele sind u.a. Frankreich, die Beneluxländer, Jugoslawien, die Slowakei, Rumänien und Italien. Faktisch beschäftigt er sich hauptsächlich mit Fragen der Staatsangehörigkeit. Die dahingehenden Verordnungen für die besetzten Gebiete werden zwar von Globke mitbearbeitet, dabei aber stets vom Reichsaußenministerium auf völkerrechtliche Zulässigkeit geprüft, so jedenfalls Globkes eigene Angaben.[20]

Bei der Wiedereingliederung Litauens ins deutsche Reich plädiert Globke im Juli 1939 nachweislich dafür, den dort lebenden Juden die litauische Staatsbürgerschaft zuzusprechen, wodurch Ihnen die Verfolgung vorerst erspart geblieben wäre. Der Vorschlag scheitert an der Ablehnung durch die litauische Regierung,[21] zeigt aber Globkes weitere Bemühung, die Judenverfolgung in Grenzen zu halten. Andererseits verfasst er im gleichen Jahr den „Judenkodex" für die Slowakei, der der Entrechtung und Enteignung der dortigen jüdischen Bevölkerung Tür und Tor öffnet. Globkes Handeln und Taktieren bleibt undurchschaubar und ambivalent, was einerseits in der Natur der Sache (Globkes mögliche „Agententätigkeit") liegt, andererseits aber eine Bewertung seiner Person und seines Agierens in der Zeit des Nationalsozialismus besonders diffizil macht.

Anfang 1940 wird er zum Wehrdienst in Pommern einberufen. Er wird aber von seinen Vorgesetzten als *unentbehrlich* eingestuft, „solange die Staatsangehörigkeitsfragen zur Verhandlung stehen, die aus Anlaß der Bildung des Protektorats, der Eingliederung der Ostgebiete, der Bildung des Generalgouvernements und der Umsiedlungsaktion anfallen."[22]

Ab 1940 wird Globke auch Informant oppositioneller Kreise, dies angeblich sogar im Zusammenhang mit dem Staatsstreichversuch vom 20. Juli 1944. Hierzu liegt ein Zeugnis vor, in diesem Fall von Jakob Kaiser:

---

20 Vgl. Strecker, S. 198 f.

21 Erklärung des Leiters der litauischen Verhandlungsdelegation, Juozas Sakalauskas, vom 8.7.1963, vgl. Lommatzsch, Erik: Hans Globke (1898-1973). Beamter im Dritten Reich und Staatssekretär Adenauers. Frankfurt am Main 2009, S. 114, FN. 109

22 Strecker, S. 176

Eidesstattliche Erklärung. Berlin, 31. Dezember 1945.

Der frühere Ministerialrat im Reichsministerium des Innern Dr. Hans Globke war mir seit langen Jahren als eine Persönlichkeit bekannt, auf die vom Standpunkt der Demokratie unbedingter Verlaß war. Wann immer ich seinen Rat und seine Hilfe für meine Aufgaben in der Arbeiterbewegung oder in der Politik in Anspruch nahm, stand er mir vorbehaltlos zur Verfügung. Es gilt das insbesondere auch für meine illegale Tätigkeit um gewerkschaftliche und politische Neubildungen in der Zeit zwischen 1933 und 1945. Ich fand Dr. Globke, den überzeugten katholischen Christen, in seiner Haltung gegen den Nationalsozialismus auch nicht einen Augenblick schwankend. Ab 1940 brachte ich Dr. Globke mit dem Kreis um Oberbürgermeister Dr. Goerdeler und die Generale Beck und von Hammerstein in Verbindung, dem ich selbst angehörte und dessen Ziel die Selbstbefreiung des deutschen Volkes vom Naziregime war. Dr. Globke wurde in unsere Pläne eingeweiht. Er unterrichtete uns fortlaufend über Vorgänge im Innenministerium und im Reichssicherheitshauptamt. Er arbeitete auch an den sachlichen und personellen Dispositionen mit, wie sie für die Zeit unmittelbar nach dem geplanten Sturz des Hitlersystems vorgesehen waren. Dr. Globke stand uns und weiteren Kreisen auch hilfsbereit zur Verfügung, wenn es um die Linderung menschlicher Not in Gruppen- oder Einzelfällen ging, wie sie durch Ungerechtigkeiten und Gewalttätigkeiten des nationalsozialistischen Systems hervorgerufen wurden. So unterstützte er mich in meinem jahrelangen Kampf gegen die Arbeitsfront um die Anerkennung unveräußerlicher Rechte der 1933 von Hitler und Ley brotlos gemachten Männer der deutschen Gewerkschaften. Dr. Globke gehört nach meiner besten Überzeugung zu den Persönlichkeiten, von denen ich wünschen möchte, daß sie alsbald wieder unserem Volke in verantwortlicher Stelle dienen können. Die Richtigkeit dieser Ausführungen versichere ich an Eidesstatt.[23]

Kontakte Globkes zu systemfeindlichen Kreisen sind belegt.[24] Darunter mögen auch Personen gewesen sein, die an der Vorbereitung des Attentats auf Adolf Hitler beteiligt waren. Diesen Personen mag Globke durchaus als Informationsquelle gedient haben. Eine aktive und unmittelbare Teilnahme am Umsturzversuch von 1944 ist jedoch nicht nachweisbar.

---

[23] Gotto, S. 259 f.

[24] Vgl. u. a. „Eidesstattliche Versicherung" von Otto Lenz (abgedruckt in: Gotto, S. 260 ff.), „Erklärung" von Herbert Naths (ebd., S. 264 ff.) und „Erklärung" von Josef Müller (ebd., S. 279 f.)

Ein Beispiel allerdings, wie Globke den Betroffenen der nationalsozialistischen Gesetzgebung in Einzelfällen auch noch 1942 zu helfen versucht, ist eine Episode, die das Oberste Gericht der DDR ausgerechnet als Belastungszeugnis heranzieht:

> *Sie* [die Zeugin R.] *war mit einem jüdischen Bürger verheiratet, dem im Jahre 1935 die Existenz vernichtet wurde. Die zunehmenden Repressalien brachten die Familie R. zu dem Entschluss, Deutschland zu verlassen. Es ergab sich, dass Herr R. im April 1939 zunächst allein auf dem Seewege das Land verließ, Frau R. und ihrem Sohn gelang die Auswanderung nicht mehr. In ihrer begründeten Besorgnis um das Schicksal ihres als Geltungsjuden behandelten Sohnes wandte sich die Zeugin im Jahre 1942 an den ihr bekannten und im R. u. Pr. MdI tätigen Dr. Schütze, der ihr empfahl, sich zuständigkeitshalber an Dr. Globke zu wenden. Sie befolgte den Rat. Als sie zu Dr. Globke in das Zimmer kam, habe er sie unfreundlich nach ihrem Anliegen gefragt. Sie habe dann unter Hinweisen, dass sie auf Empfehlung Dr. Schützes komme, die Bitte vorgebracht, ihrem Sohn zu helfen. Nachdem die Zeugin die Frage des Angeklagten, ob sie von ihrem jüdischen Ehegatten geschieden sei, verneinen musste, habe er im aufbrausenden Tone gesagt: „Dann kleben sie ja immer noch an dem Juden." In gleicher Tonart sei er fortgefahren: „Das hätten Sie sich eher überlegen sollen. Bilden sie sich ja nicht ein, dass durch eine jetzige Scheidung Ihr Sohn noch gerettet werden kann!*[25]

In diesem Bericht findet sich ein erkennbarer Hinweis, wie Globke Hilfestellung angeboten hat, ohne sich selbst dem Verdacht der Illoyalität auszusetzen: Zunächst darf man sich doch wohl fragen, warum Dr. Schütze seine offenbar gute Bekannte R. ausgerechnet zu Hans Globke hätte schicken sollen, wenn dieser ein bekannt strenger und unnachgiebiger Antisemit gewesen wäre. Offenbar wollte Schütze der Frau doch helfen. Und dann nehme man die extrem überzeichnete, fast schon groteske Reaktion Globkes auf das Ansinnen von Frau R. Allein diese Übertreibung gibt möglicherweise bereits einen versteckten Wink, wie die Dame seinen Bescheid einzuordnen habe. Nimmt man noch den Inhalt von Globkes Auftritt hinzu, dann ergibt sich das Bild eines Beamten, der auf indirektem Wege der Betroffenen eine Hilfestellung anbietet: Globke weist der Dame geradezu den Weg auf, wie sie die Benachteiligung ihres Kindes umgehen könnte, nämlich durch eine Scheidung von ihrem Mann. Natürlich ist das kein schöner Schritt, aber die Einreichung eines Scheidungsgesuches hätte der Sache dienlich sein können. Es bleibt eine spannende Frage, ob das Ersuchen wirklich so negativ beschieden worden wäre, wie Globke es der Zeugin gegenüber lautstark (eventuell auch für andere Ohren bestimmt?) verkündet.

---

[25] Bästlein, S. 219 f.

All das bleibt Spekulation, und natürlich kann man auch der Argumentationslinie des Obersten Gerichts der DDR folgen und diese Episode zuungunsten Globkes werten. Dies möge der Leser selbst (oder auch gar nicht) entscheiden, sich dabei aber immer die Frage stellen, wie der Handlungsspielraum von Hans Globke ausgesehen haben mag. Muss Globke, der nicht gerade als linientreuer NS-Beamter bekannt ist und der auch weiß um diese Einschätzung seiner Person von Seiten der Partei – muss dieser Mann nicht unbedingt damit rechnen, dass er hin und wieder auf die Probe gestellt wird, dass man Menschen zu ihm schickt, die testen, wie er sich in Fällen wie dem oben beschriebenen verhält?

Der Relativierung, dass sich Globkes heimliche Unterstützung der Entrechteten ausschließlich auf Einzelfälle beschränkte und dass solche Ausnahmen zeitweise sogar NS-Größen wie Göring gemacht hätten, könnte man wiederum entgegenhalten: Wie Globkes enge Auslegung des Judenbegriffes gezeigt hat sowie sein Vorschlag, Litauens Juden die litauische Staatsbürgerschaft zuzusprechen, hatte er durchaus ein Auge auch für die großen Mengen der vom Unrecht Verfolgten.

1942 wird Globkes drittes Kind, Werner, geboren.

Ein Jahr später übernimmt Heinrich Himmler[26] die Leitung des Reichsinnenministeriums. In dieser Phase erwägt Globke ernsthaft, aus seinem Amt auszuscheiden, wie es Ministerialdirigent Hermann Hering tut, dessen Familie mit den Globkes seit langem befreundet ist. Globkes Einstellung zu Himmler ist eindeutig, wenn man der Erinnerung von Eduard Schick[27] Glauben schenken darf: „Wenn ich vor Himmlers Tür stehe, muß ich mich jedesmal darauf besinnen, dass ich zu einem Teufel gehe (...).“[28] Einmal mehr soll das Bischöfliche Ordinariat Globke aber nahegelegt haben, als Informant im Amt zu bleiben. Hierzu liegt eine eidesstattliche Erklärung von Wilhelm Happ, Justitiar des Bischöflichen Ordinariats, vor:

> *Häufig beabsichtigte er* [Globke] *aus dem Staatsdienst auszuscheiden, insbesondere als Himmler die Leitung des Innenministeriums übernahm. Nur auf unsere dringenden Bitten, weiter zu bleiben und so uns und der gesamten Widerstandsbewegung besser nützen zu können, hat er sich bewegen lassen, von der Einreichung eines Entlassungsgesuches abzusehen.*[29]

Im Juli 1943 zieht Augusta Globke mit den Kindern von Berlin nach Kochel in Oberbayern. Vier Monate später wird Globkes Wohnung in Berlin-Schöneberg durch Bombeneinschlag zerstört. Er selbst bleibt berufsbedingt weiter in Berlin.

---

26 Heinrich Himmler (1900-1945), Reichsführer SS, Chef der Deutschen Polizei, ab August 1943 Reichsminister des Innern, Tod durch Suizid am 23.05.1945

27 Eduard Schick, Dr. theol., Prof., Bischof von Fulda

28 Gotto, S. 47

29 Gotto, S. 268

1944 scheitert das Attentat auf Adolf Hitler. Eine Festsetzung von Globke in Untersuchungshaft ist angekündigt, kann aber durch seinen Vorgesetzten, Stuckart, verzögert werden. Globke hilft den am Attentatsversuch beteiligten Personen und ihren Familien noch im Rahmen seiner Möglichkeiten[30] und hält weiterhin Kontakte zu diesen Kreisen.

Am 12. April 1945 wird er zu einer Ausweichbehörde nach Garmisch-Partenkirchen beordert. Dieser „Marschbefehl“ ermöglicht es ihm, in den Wirren der letzten Kriegstage zu seiner Familie nach Kochel zu gelangen. Allerdings treffen dort dann wohl tatsächlich noch zwei Gestapo-Leute ein, um Globke zu verhaften. Eventuell verhindert das Heranrücken der amerikanischen Truppen die Aktion. Die Akten bleiben hier unklar.

---

[30] Vgl. Lommatzsch, S. 124 und Gotto, S. 258

Globke, ein Schreibtischtäter?

Was die Schuldfrage um Globke anbelangt, so hat bereits einmal ein offiziell bestelltes Gericht über diese Frage entschieden und Globke freigesprochen: Die Spruchkammer im dazugehörenden Entnazifizierungsverfahren beurteilt Globke im September 1947 als *entlastet* (Kategorie V). Bei der Entnazifizierung findet zwar kein direktes Strafrecht Anwendung; wäre Globke allerdings in Kategorie I (Hauptschuldige) eingestuft worden, so hätte man ihn vor ein Strafgericht gestellt, das nach Londoner Statut bzw. Kontrollratsgesetz Nr. 10 auch Verbrechen gegen die Menschlichkeit ahndet, also durchaus internationales Strafrecht anwendet. Das Fazit, das der Jurist Klaus Bästlein in seiner Veröffentlichung „Der Fall Globke“ von 2018 zieht, Globke sei in der Bundesrepublik Deutschland nie nach internationalem Strafrecht beurteilt worden, ist letztlich nicht falsch, es ist aber unkritisch und irreführend, die Voreinstufung von Globke in Kategorie V nur nebenbei zu erwähnen und die ganze Entnazifizierung als „problematisch“ abzutun.[31] Nach der Einstufung Globkes als „entlastet“ bestand kein Anlass für eine weitere strafrechtliche Verfolgung. Dessen ungeachtet ist Globke mehrfach in seinem Leben angezeigt worden. Jedes daraus in der Bundesrepublik resultierende Verfahren ist wegen „Unhaltbarkeit der Vorwürfe“ eingestellt worden – ausnahmslos.

Globke kann in der Frage nach seiner Schuld zahlreiche Zeugnisse vorlegen, die ihn überzeugend entlasten. Wenn man diese Dokumente als irrelevante „Persilscheine“ zur Seite schiebt, macht man es sich womöglich zu leicht. Ein nicht geringer Teil der Entlastungsaussagen ist an Eides statt im Rahmen der Entnazifizierungsprozesse gemacht worden. Es kommt ihnen also durchaus eine rechtlich wirksame Entlastungs- und Aussagekraft zu. Sie stammen auch nicht selten von Personen, die bekanntermaßen Gegner, zum Teil auch Opfer des Hitler-Regimes gewesen sind.

Erik Lommatzsch kommt in seinem mit äußerster Sorgfalt recherchierten Buch zu einem eindeutigen Ergebnis: Das Bild von Globke als am Holocaust mitschuldigen Schreibtischtäter könne zurückgewiesen werden.[32] Zu diesem Urteil kommt *der* Historiker, der die Quellen um Globke bis dato am weitgehendsten berücksichtigt und Globkes Nachlass uneingeschränkt untersucht hat.

Wer sich darüber hinaus ein Bild machen möchte von der Schlagartigkeit, mit der die Nürnberger Gesetze eingeführt wurden und von dem übergroßen Druck, den Hitler und seine Partei mit ihrem vollen Einfluss auf die „Formulierer“ dieser Gesetze, so auch auf das Reichsinnenministerium, ausübten, der lese die Erinnerun-

---

[31] Bästlein, S. 24

[32] Lommatzsch, S. 342

gen[33] von Bernhard Lösener, von 1933 bis 1942 Referent für „Rasserecht" im Reichsministerium des Innern. Dieser Bericht ist mit Vorsicht zu genießen, da er von einem Beschuldigten zu seiner Entlastung geschrieben wurde. Bei allem Vorbehalt zeigt Lösener dennoch überzeugend, dass die Entrechtung und Verfolgung der Juden bereits vor den Nürnberger Gesetzen einsetzte und dass die Argumentation des „Verhinderns von Schlimmerem" durch einige Beamte im Innenministerium in der Frühzeit des NS-Systems wenigstens nicht vorschnell von der Hand gewiesen werden sollte.

Dennoch bleibt die Tatsache, dass Globke von Berufs wegen mehrere Gesetze kommentierte und Durchführungsverordnungen verfasste, die offenbar der Ausgrenzung und Diskriminierung eines Teils der deutschen Bevölkerung dienten. Spätestens ab den 40er Jahren war ganz klar, worauf diese Ausgrenzung in ihrer letzten Konsequenz abzielte. Globke wusste um die Deportation und Ermordung von Juden. Er blieb dennoch auch in dieser Phase im Dienst des Systems, das den unvorstellbarsten Völkermord beging. Und er ließ sich weiter von diesem System bezahlen, nahezu bis zum Ende des Dritten Reiches. Die Bezüge des Beamten Globke waren überdurchschnittlich. Es existiert eine Anweisung an die Berliner Bürokasse aus dem Jahr 1942, die sein monatliches Nettogehalt auf 1199,49 Reichs-Mark benennt.[34] Das wären heute umgerechnet rund 5000,- Euro im Monat, ohne Abzüge. Globke gehört somit zu den sehr gut bezahlten Beamten des Dritten Reiches. Und auch für seinen Kommentar zu den Nürnberger Rassegesetzen wird Globke mit 3000 Reichsmark vom Beck-Verlag entlohnt. Von dieser Summe könnte man sich heute einen Kleinwagen kaufen.

Andererseits: War Globke wirklich auf dieses Geld angewiesen? Globke ist spätestens seit seiner Heirat mit Augusta Vaillant im Jahre 1934 ein hochvermögender Mann. Spätestens seit dieser Verbindung hat er auch Kontakte zu führenden Persönlichkeiten aus der deutschen Wirtschaft. Es wäre ihm wohl möglich gewesen, im wirtschaftlichen Bereich eine nicht weniger lukrative Anstellung zu finden. Drei Möglichkeiten bleiben als Erklärung für sein Verharren: Entweder er blieb im Amt, weil er die Vorgehensweise der Nationalsozialisten für richtig, zumindest nicht für vollkommen falsch hielt. Oder aber er blieb im Amt, weil er die Judenverfolgung in Grenzen (welchen auch immer) halten mochte. Oder – und das ist womöglich die verständlichste Erklärung – er zog ganz einfach seine Anstellung im Reichsinnenministerium einem Einsatz an der Kriegsfront vor. Eine Kombination der beiden letztgenannten Möglichkeiten ist nicht ausgeschlossen.

---

[33] Lösener, Bernhard: Als Rassereferent im Reichsministerium des Innern. In: Vierteljahreshefte für Zeitgeschichte. Herausgegeben im Auftrag des Instituts für Zeitgeschichte München. Jahrgang 9 (1961), Heft 3, S. 262-313

[34] Strecker, S. 229

Jedenfalls hatte Globke *keine* Entscheidungsgewalt in der Judengesetzgebung. Vollkommen falsch ist die Vorstellung von einem weisungsbefugten NS-Beamten, der am Schreibtisch sitzt und Befehle zur Deportation oder Tötung von Menschen unterschreibt. Dies lag nicht in der Verfügungsmacht von Hans Globke. Alle dahingehenden direkten oder indirekten Anweisungen bzw. Befehle sind – wenn überhaupt – von anderen Personen verantwortlich gezeichnet.

Der Weg ins Bundeskanzleramt

Nach dem Zusammenbruch des Dritten Reiches wird Globke von den Amerikanern zunächst als Kriegsverbrecher gefangen genommen und in diversen amerikanischen Lagern interniert, zuletzt im „Ministerial Collecting Center“ im hessischen Lichtenau, einem Sammellager für die höheren Beamten des NS-Systems. Dort sucht ihn Robert Kempner auf, der spätere Chefankläger in den Nürnberger Prozessen. Kempner kennt Globke aus seiner Zeit beim Preußischen Innenministerium und beurteilt ihn als unschuldig. In diesem Sinne beginnt er zu vermitteln, und schon bald wird Globke von den Briten „ausgeliehen“, um eine Beratertätigkeit in Bünde anzutreten. Er ist hauptsächlich mit der Ausarbeitung von Vorschlägen für die verwaltungstechnische Neugestaltung Deutschlands befasst, aber auch mit dem Thema Wahlrecht.

Am 1. Juli 1946 wird Globke Stadtkämmerer in Aachen. Dort übernimmt er die Präsidentschaft der ehemaligen Schüler des Kaiser-Karls-Gymnasiums, dem er so weiterhin verbunden bleibt. Erneut erweist Globke hier seinen Hang zur organisierten Geselligkeit. Ebenfalls im Jahr 1946 tritt er auch der neuentstandenen CDU bei.

Im Entnazifizierungsverfahren wird Globke im September 1947 als „unbelastet“ eingestuft. Er selbst spricht sich in den laufenden Nürnberger Prozessen wiederum als Zeuge teils für die Angeklagten aus, teils belastet er sie durch seine Aussagen schwer. So attestiert er dem ehemaligen Reichsinnenminister Wilhelm Frick eindeutig eine Mitschuld an der Durchführung von Euthanasieprogrammen in der Zeit des Dritten Reiches. Frick wird am 16. Oktober 1946 hingerichtet. Im August 1949 wird Globke Vizepräsident des Landesrechnungshofes Nordrhein-Westfalen.

Nicht erst seit den Bundestagswahlen am 14. August 1949 beginnt Konrad Adenauer, der künftige Kanzler der jungen Bundesrepublik, sich Gedanken darüber zu machen, wer sich als Chef des Kanzleramtes eignen könnte. Der bisherige Leiter der provisorischen Direktorialkanzlei, Carl Krautwig, kommt für Adenauer aus mehr oder weniger persönlichen Gründen nicht in Frage. NRW-Finanzminister Heinrich Weitz macht Adenauer bereits früh auf Hans Globke aufmerksam. Weitz und Adenauer wiederum haben sich schon zu Beginn des Dritten Reiches in Maria Laach über die mögliche Dauer der nationalsozialistischen Herrschaft und über die Neustrukturierung des Landes nach dessen Zusammenbruch unterhalten. Adenauers Referent Blankenhorn weist ebenfalls auf Globke hin. Und Adenauer lässt Globke daraufhin akribisch durchleuchten. Womöglich gefällt ihm die Verwandtschaft zur eigenen Biografie: die Verwurzelung im katholisch-kleinbürgerlichen Milieu, das schnelle und fleißige Jura-Studium, die Zugehörigkeit zum Zentrum sowie die Heirat einer vermögenden Frau. Vielleicht beeindrucken ihn auch die entlastenden Zeugnisse so prominenter Schwergewichte wie Jakob Kaiser und Konrad von Preysing. Jedenfalls erfasst er schnell die fachliche Qualifikation von Globke und entscheidet sich vorsichtig positiv: Im September 1949 wird Globke Ministerialdirektor im Bundeskanzleramt.

Ministerialdirektor und Staatssekretär unter Adenauer

Liebend gern hätte Konrad Adenauer Hans Globke aufgrund seiner Verwaltungskompetenz und seiner guten Vernetzung sofort zum Staatssekretär und Chef im Bundeskanzleramt gemacht. Wegen der Außenwirkung eines solchen Schrittes bleibt er aber zunächst vorsichtig. So schreibt er am 9. Dezember 1949 in einem Brief an Jakob Kaiser:

> *Ich darf Sie weiter daran erinnern, daß ich von der Ernennung des Herrn Vize-Präsidenten Globke zum Staatssekretär Abstand genommen habe, sehr ungern Abstand genommen habe, weil er, der nicht PG* [Parteigenosse] *war, an dem bekannten Kommentar mitgearbeitet hatte und wir bei der Ernennung von Staatssekretären sorgsam darauf achten müssen, daß wir nicht irgendwelchen Angriffen dadurch Material geben.*[35]

Auch Globke rät von der eigenen Ernennung ab, hilft aber bei der Suche nach einem passenden Kandidaten. Bereits hier vertraut man auf seine Personalkenntnis und sein Geschick in der Beamtenrekrutierung. Man einigt sich zunächst auf Franz-Josef Wuermeling. Und während Adenauer selbst seinen persönlichen Referenten Herbert Blankenhorn rügt, weil dieser zu einer recht laxen Weiterbeschäftigung ehemaliger Nationalsozialisten im Auswärtigen Amt tendiert, beginnt ausgerechnet Hans Globke, auch diesen Bereich der Personalfragen in seinen Zuständigkeitsbereich zu ziehen. Bei seinen Personalentscheidungen geht Globke grundsätzlich nach Eignung vor, unter Berücksichtigung einer Gleichgewichtung zwischen Protestanten und Katholiken. Und: Globke trifft selten eine falsche Personalentscheidung. Seine Kandidatenkenntnis wird im Laufe der Zeit legendär. Gerüchte über Akten, in denen er Biografien sowie brisante Informationen über Angestellte, mögliche Parteigegner oder Konkurrenten Adenauers sammelt, sollte man nicht vorschnell von der Hand weisen. Am 8. Juli 1950 wird Globke jedenfalls auch offiziell Leiter der Personalabteilung. Inoffiziell ist er bereits zu diesem Zeitpunkt der Chef im Bundeskanzleramt. Als Franz-Josef Wuermeling 1951 aus seinem Amt als Staatssekretär ausscheidet, ist Globke selbst jedoch immer noch keine Option als möglicher Nachfolger. Im Gegenteil: Er bietet dem Kanzler seinen Rücktritt an. Zu schwer lastet der öffentliche Druck wegen seiner nationalsozialistischen Vergangenheit auf seinen Schultern. Für zu angreifbar hält er sich diesbezüglich. Adenauer aber hält an seinem wichtigsten Mann fest und möchte nichts von einem Rücktritt gehört haben. Mit Otto Lenz als benanntem Staatssekretär an seiner Seite teilt Globke sich ab 1951 also weiter die Hauptaufgaben

[35] Rudolf Morsey/Hans-Peter Schwarz (Hrsg.): Adenauer. Rhöndorfer Ausgabe. Briefe 1949-1951. Bearbeitet von Hans Peter Mensing 1985, S. 144

im Bundeskanzleramt: Lenz offiziell und für die große Bühne, Globke still und leise und eher für die interne Routine.

Im Dezember 1951 kündigt Adenauer in einem Schreiben an Nachum Goldmann, den Präsidenten des jüdischen Weltkongresses, Deutschlands Bereitschaft an, Ausgleichszahlungen für den begangenen Völkermord an den europäischen Juden zu leisten. Er betritt damit den schweren Weg zum Luxemburger Abkommen im Jahre 1952. Schwer, weil Adenauer dabei nicht nur Gegenwind aus dem eigenen Kabinett erfährt, sondern auch aus Teilen der israelischen Bevölkerung, die den Eindruck gewinnen, Adenauer versuche, sich auf finanziellem Weg von der Schuld des deutschen Volkes freizukaufen. Eine Umfrage in der deutschen Bevölkerung wiederum ergibt, dass 44% der Deutschen eine Wiedergutmachung schlicht für überflüssig halten. Adenauer erkennt aber die Notwendigkeit, ein klares Signal zu setzen, auch an die internationalen Völker, das Signal, dass Deutschland die Verantwortung für den Holocaust übernimmt und sich in der moralischen Verpflichtung sieht, Wiedergutmachung zu leisten. Unermüdlich und mit der ihm eigenen Ausdauer treibt Adenauer die Bemühungen um einen Ausgleich voran. Dabei hilft ausgerechnet Hans Globke, der ehemalige Beamte des NS-Staates, der im Hintergrund die Strippen zieht und formvollendet Lobbyisten-Arbeit leistet.[36] Der Erfolg bleibt nicht aus: Im September 1952 wird das Luxemburger Wiedergutmachungsabkommen unterzeichnet. Und gleich im ersten Jahr seiner Geltung zahlt Deutschland an den Staat Israel 3,5 Milliarden D-Mark in Form von Waren und Geldern.

Nach den Bundestagswahlen 1953 wagt Adenauer dann den mutigen Schritt und macht Globke offiziell zum Staatssekretär. In dieser Funktion ist Globke mit der Koordination des Bundeskanzleramts betraut, eine Funktion, die er faktisch schon seit langem ausübt. Seine Aufgabe ist dabei nicht politischer, sondern überwiegend verwaltungstechnischer Natur. Seine bedeutendste Leistung auf diesem Gebiet ist vielleicht die Einteilung des Kanzleramts in einzelne Resorts und die Entwicklung eines effektiven Referentensystems, angelehnt an die Praxis des ehemaligen Innenministeriums. Globke fungiert dabei als die zentrale Schaltstelle, bei der alle wesentlichen Informationen zusammenlaufen und weiterverteilt werden. Erneut erfüllt er also die Funktion eines Informanten. Stützen kann er sich dabei auf die „Organisation Gehlen“ (später BND), die ihm unterstellt ist, sowie auf den „Verfassungsschutz“ und das Presse- und Informationsamt. Globke schreckt auch nicht davor zurück, diese Quellen zu nutzen, um Details über politische Gegner und unliebsames Personal des Bundes in Erfahrung zu bringen. Und Adenauer greift wiederum fleißig auf das Wissen seines Staatssekretärs zurück. Er torpediert Globke mit Anfragen in einer solchen Menge und Taktung, dass dieser nicht selten zu straucheln beginnt, auch gesundheitlich. Sicher ist Adenauer kein einfa-

36 Vgl. hierzu Gotto, S. 169 f.

cher Dienstherr; immer akribisch, selten zufrieden, verlangt er seinem wichtigsten Mitarbeiter das Äußerste ab.

Im September 1955 reist Globke mit Adenauer und einer Delegation hochrangiger deutscher Politiker nach Moskau, um die Freilassung der letzten 10.000 inhaftierten deutschen Kriegsgefangenen auszuhandeln. Im Gegenzug soll der Sowjetunion die Aufnahme diplomatischer Beziehungen zugestanden werden. Die Verhandlungen erweisen sich als heikel und spektakulär. So bereitet sich Globke vor jedem Verhandlungstag durch Einnahme spezieller Zäpfchen auf die Unmengen von Alkohol vor, die in der Sowjetunion bei solchen Verhandlungen traditionell verköstigt werden. Da man diese rektale Vorsichtsmaßnahme nicht der gesamten Delegation zumuten möchte, greifen Globke und Adenauer für die restlichen Mitglieder auf ein weniger medizinisches, aber nicht minder probates Hausmittel zurück: Sie verabreichen Olivenöl, um den Alkohol im Blut zu binden und die berauschende Wirkung zu mindern.[37] Am 10. September überrascht Nikita Chruschtschow[38] Globke, als er ihm herzlich zum Geburtstag gratuliert und darüber hinaus Brüderschaft mit ihm trinkt,[39] ein Vorgang, der in der Tat verwunderlich ist, den Globke aber nicht zuletzt seiner Zäpfchen wegen wohlbehalten übersteht. Die Verhandlungen werden im Resultat ein Erfolg: Adenauer erhält per Handschlag die Zusicherung zur Freilassung der deutschen Kriegsgefangenen. Und das Versprechen wird eingehalten. Noch im gleichen Jahr kommen die ersten Kriegsheimkehrer aus der Sowjetunion nach Deutschland zurück. Sukzessive erfolgt die Freilassung aller überlebenden Gefangenen sowie weiterer 20.000 in der Sowjetunion zurückgehaltener Zivilisten. Dieses Ereignis brennt sich tief in das kollektive Gedächtnis der deutschen Bevölkerung ein und ist zugleich der Beginn eines diplomatischen Kontakts zwischen zwei so unterschiedlichen Ländern wie der Sowjetunion und der Bundesrepublik Deutschland.

Im Dezember 1956 zieht Globke in Erwägung, für die Bundestagswahl 1957 in Aachen zu kandidieren.[40] Dies würde sein Ausscheiden aus dem Bundeskanzleramt bedeuten. Nach eigenen Aufzeichnungen wird diese Idee von außen an ihn „herangetragen."[41] Lange beschäftigt er sich allerdings nicht mit solchen Überlegungen. Adenauer braucht Globke gerade jetzt mehr denn je im Bundeskanzleramt. Und das „Team" Adenauer-Globke arbeitet weiter effektiv auf die bevorstehenden Bundestagswahlen hin. Kräftig wird die Werbetrommel gerührt, und bis

---

[37] Vgl. Kilian, Werner: Adenauers Reise nach Moskau. Freiburg im Breisgau 2005, S. 120 f.

[38] Nikita Chruschtschow (1894-1971), von 1953 bis 1964 Parteichef der KPdSU, ab 1958 Regierungschef der UdSSR

[39] Vgl. Altrichter, Helmut (Hrsg.): Adenauers Moskaubesuch 1955. Eine Reise im internationalen Kontext. Rhöndorfer Gespräche 22. Bonn 2007, S. 138

[40] Vgl. Aufzeichnung Globkes vom 4.12.1956, ACDP, Nachlass Globke, 059/3

[41] Ebd.

heute ist der geniale Wahlkampfslogan „Keine Experimente!“ unvergessen. Zur Finanzierung der Kosten greift Globke wohl auch auf den von ihm verwalteten Reptilienfond zurück, auf Gelder also (zu diesem Zeitpunkt ca. 13 Millionen D-Mark), über deren Herkunft und Verbleib keine Rechenschaft abgelegt wird. Der Erfolg bleibt nicht aus: Die Unionsparteien erreichen die absolute Mehrheit. Nicht zuletzt die hervorragende Werbung, aber auch die unvergessene Rückführung der deutschen Kriegsgefangenen aus der Sowjetunion zwei Jahre zuvor sowie die Einführung der dynamischen Rente verhelfen zum Rekordergebnis von 50,2% der Wählerstimmen.

Nachdem die Stalinnote von 1952 weithin als sowjetisches Störmanöver gewertet wurde (was sie nach aktuellem Forschungsstand auch war),[42] im Jahr 1955 im Gegenzug für die Rückführung der deutschen Kriegsgefangenen allerdings diplomatische Beziehungen mit der Sowjetunion aufgenommen worden waren, macht man sich auf deutscher Seite ab 1958 tiefergehende Gedanken, ob der Status quo eines geteilten Deutschlands stufenweise aufzulockern wäre. In diesem Zusammenhang entwickelt Globke den ambitionierten „Globke-Plan“. Dieser sieht vor, den momentanen Ist-Zustand Deutschlands für fünf Jahre einzufrieren und danach in freien und verbindlichen Wahlen in Ost und West über die Wiedervereinigung abzustimmen, ein im Grunde verzweifeltes und zum Scheitern verurteiltes Vorhaben. Der Plan bleibt unveröffentlicht und wäre sicher auf die Ablehnung der Sowjetunion gestoßen. Dennoch ist es in mehrerlei Hinsicht beachtlich, dass Adenauers Staatssekretär im Bundeskanzleramt sich überhaupt mit einem solchen Entwurf beschäftigt. Es bleibt dies auch einer der wenigen initiativen Ausflüge Globkes in die große Deutschland- und Außenpolitik. Andererseits ist Globke ein gut ausgebildeter Völker- und Staatsrechtler und bei Lichte betrachtet nicht der falscheste Mann, um einen solchen Plan auszuarbeiten.

Anfang 1957 steht eine Reise Globkes in die USA auf der Agenda. Offizieller Grund – so weist es Globkes CIA-Akte aus – sind „nachrichtendienstliche Angelegenheiten“.[43] Der geplante Besuch erhält die Absegnung durch den Bundeskanzler wie auch durch das amerikanische Außenministerium. Allerdings hagelt es im Vorfeld Proteste von Seiten amerikanischer und jüdisch-amerikanischer Institutionen und Personen, dies in einer solchen Taktung und Menge, dass Globke von sich aus Abstand von der geplanten Reise nimmt, nicht ohne seiner „schrecklichen Enttäuschung“[44] Ausdruck zu verleihen, wie es die CIA zu berichten weiß.

---

42 Vgl. Wettig, Gerhard: Die Stalin-Note. Historische Kontroverse im Spiegel der Quellen. Berlin 2015

43 CIA-Akte Hans Globke. In: National archives. Record Group 263. Records of the Central Intelligence Agency. Textual Records. Hans Globke. Image #270 ff.

44 Ebd.

Im April 1959 beschließt Globkes Dienstherr, Konrad Adenauer, für das Amt des Bundespräsidenten zu kandidieren. Theodor Heuss hat inzwischen zwei Amtsperioden durchlaufen, und die Übernahme der Präsidentschaft wäre für Adenauer ein geeigneter Ausstieg aus dem Kanzleramt. Globke unterstützt seinen Herrn in diesem Bestreben, wo er kann, und spricht, als Adenauer einen Monat später die Kandidatur wieder zurückziehen möchte, eine vorsichtige Warnung in dessen Richtung aus. Adenauer möge bedenken, dass eine solche Rücknahme große Bestürzung und Aufregung verursachen werde. Adenauer hat aber inzwischen schlichtweg erkannt, wie beschränkt seine Machtbefugnisse als Bundespräsident wären. Er hat eingesehen, dass er den unliebsamen Rivalen Ludwig Erhard als seinen Nachfolger im Kanzleramt nicht würde verhindern können. Folgerichtig tritt er von seiner Kandidatur als Bundespräsident zurück. Dies ist eine der ganz wenigen Entscheidungen, die Adenauer wider das Anraten seines Staatssekretärs Globke trifft. Der wiederum erweckt in dieser „Episode" einmal mehr den Eindruck, dass ihn sein eigenes Amt emotional und gesundheitlich belastet. Dies scheint bereits 1951 der Fall, als er dem Kanzler seinen Rücktritt anbietet. Es zeigt sich erneut, als er für die Bundestagswahl 1957 in Aachen kandidieren möchte, und es wiederholt sich nun ein weiteres Mal, als er Adenauer empfiehlt, an der Kandidatur festzuhalten. Wäre nämlich dieses letztgenannte Vorhaben des Kanzlers in Erfüllung gegangen, so hätte Globke mit großer Wahrscheinlichkeit auch nicht mehr als Staatssekretär zur Verfügung gestanden, sofern Adenauers Nachfolger ihn überhaupt noch als solchen in Betracht gezogen hätte.

Jedenfalls ist Globke in den späten Kanzlerjahren immer wieder gesundheitlich angeschlagen, nimmt immer häufiger Kuraufenthalte in Anspruch. Aber selbstredend lässt sein oberster Dienstherr ihn auch dort nicht zur Ruhe kommen. Ohne Skrupel holt Adenauer sich bei Globke telefonisch Rat ein und lässt ihn sogar einmal eine Kur unterbrechen. Solche (Aus-)Nutzung im Amt bleibt nicht ohne Wirkung und hinterlässt weitere Spuren der Erschöpfung bei Globke, der ohnedies zur Überarbeitung neigt.

Im Jahr 1960 kommt es darüber hinaus zu einem ihn belastenden Ermittlungsverfahren in eigener Sache. Der Vorwurf: Er soll 1943 den rettenden Transport von ca. 10.000 (gelegentlich ist auch von 20.000 die Rede) jüdischen Frauen und Kindern aus Saloniki nach Israel verhindert haben und zwar durch Absprache mit dem SS-Obersturmbannführer Adolf Eichmann.[45] Kurios! Globke selbst stellt in einem Brief an den *Spiegel* klar: „Eichmann habe ich nach meiner Erinnerung einmal gesehen, nie aber habe ich dienstlich oder außerdienstlich mit ihm zu tun gehabt. Die Behauptung, Eichmann habe sich mit mir telefonisch wegen einer

[45] Adolf Eichmann (1906-1962), SS-Obersturmbannführer, Leiter des Reichssicherheitshauptamtes, Organisator des Holocausts unter dem NS-Regime, hingerichtet am 1. Juni 1962

Aussiedlung von Juden aus Saloniki nach Palästina in Verbindung gesetzt, ist somit [...] falsch."[46] Als Adolf Eichmann, hierzu befragt, die Aussage verweigert, gibt der Frankfurter Generalstaatsanwalt Fritz Bauer das Ermittlungsverfahren an die Bonner Staatsanwaltschaft ab. Im Rahmen dieses Verfahrens wird gelegentlich kolportiert, Konrad Adenauer habe schützend seine Hand über Hans Globke erhoben und den Fall in seine Einflusssphäre nach Bonn gezogen. Fakt ist, dass Bauer das Verfahren *zuständigkeitshalber* nach Bonn weiterreicht. Im Mai 1961 wird Globke vom Vorwurf des Kontakts zu Adolf Eichmann freigesprochen.

1961 (rechtzeitig zu den vierten Bundestagswahlen!) veröffentlicht der Verlag *Rütten & Loening* das Buch „Dr. Hans Globke. Aktenauszüge. Dokumente" und trifft damit Adenauers Staatssekretär schwer. Es handelt sich um eine sehr umfangreiche, allerdings eher journalistisch kommentierte Dokumentensammlung um das Wirken von Globke in seiner Funktion als Beamter des NS-Staates. Akribisch trägt der Herausgeber, Reinhard-M. Strecker[47], die einzelnen Originaltexte zusammen, von Beginn an mit der offenkundigen Absicht, Globke als „schuldig" zu überführen. Diese Tendenz verrät schon das fotografische Portrait auf der Rückseite des Buches, ein Foto (beinahe schon eine Karikatur), das der *Spiegel* bereits für seine Ausgabe vom 4. April 1956 als Frontcover verwendet hatte und das einen äußerst negativen Eindruck von der Persönlichkeit des Staatssekretärs hinterlässt. Das entspricht der Grundtendenz des Buches ganz genau. Die Dokumentensammlung ist nicht wirklich falsch, aber die Textauswahl und die Art der Kommentierung ergeben ein eher unausgewogenes und unkritisches Gesamtbild. Man darf sich durchaus die Frage stellen, ob es ein Zufall ist, dass das Buch im Jahr der Bundestagswahl herausgegeben wird. Globke jedenfalls stößt einen Zivilprozess gegen den Verlag an. Mit Erfolg: Im Herbst 1961 erreicht er einen Vergleich, der der weiteren Verbreitung des Buches vorerst ein Ende setzt.

Noch im gleichen Jahr veröffentlicht das Institut für Zeitgeschichte München – sozusagen als Antwort auf Streckers „Faktensammlung" – den sogenannten Lösener-Bericht (siehe weiter oben). In diesem Text beschreibt der ehemalige Judenreferent im Reichsinnenministerium, Bernhard Lösener, seine Erinnerung an das schlagartige Zustandekommen der Nürnberger Gesetze. Wenngleich der Text mit großer Vorsicht zu genießen ist, weil Lösener darin Rechenschaft über seine eigene, durchaus kritisch zu betrachtende NS-Zeit ablegt, gibt er doch einen recht interessanten und zumindest authentisch wirkenden Einblick in die mögliche Entstehung der verbrecherischen Gesetzgebung und zeigt eindrucksvoll, wie die Verfolgung der jüdischen Bevölkerung in Deutschland bereits vor den Nürnberger Gesetzen einsetzte. Auf dieser Grundlage erklärt Lösener die Nürnberger Gesetze

---

46 Vgl. Spiegel, 8/1961, S. 22

47 Reinhard-M. Strecker, Politischer Aktivist und Publizist mit dem Themenschwerpunkt „Ungesühnte Nazijustiz", SPD- und ehemals SDS-Mitglied

auch als eine damals erhoffte Regulierung und Begrenzung der Judenverfolgung. Zudem versucht er die mildernde Einwirkung des Reichsinnenministeriums in der Auseinandersetzung mit der Parteizentrale unter Rudolf Heß zu erklären. Globke wird in dem Bericht in ein sehr positives Licht gestellt und von einer Schuld an der weiteren Judenverfolgung freigesprochen. Der Lösener-Bericht wird bis heute kontrovers diskutiert. Haben ihn Historiker in der Vergangenheit allzu oft unkritisch als authentischen Zeitbericht über das Zustandekommen der Nürnberger Gesetze zitiert, so ist er heute, bei kritischer Handhabung, ein durchaus informatives Zeugnis über die frühe Zeit des Dritten Reiches.

Ebenfalls 1961 findet der Eichmann-Prozess in Tel Aviv statt, an dessen Ende Adolf Eichmann zum Tode durch den Strang verurteilt wird. Natürlich versucht Adenauer, den Namen seines ohnehin angeschlagenen Staatssekretärs aus diesem Prozess herauszuhalten, und das ist auch eine mit Israel getroffene Vereinbarung für den weiteren Prozessverlauf. Allerdings läuft das weiter oben erläuterte Ermittlungsverfahren gegen Globke, das mit Eichmann im Zusammenhang steht, und die Bonner Staatsanwaltschaft lässt Eichmann im Vorfeld vom Amtsgericht Tel Aviv dazu befragen. Eichmann verweigert die Aussage, weil er damit die Zuständigkeit des Gerichts für seinen Fall anerkannt hätte. Durch seinen Anwalt gibt er aber bekannt, dass kein Gespräch mit Globke stattgefunden habe. Der Name Globke findet schließlich im eigentlichen Prozessverlauf nur noch am Rande Erwähnung.

Am 8. Juli 1963 eröffnet das Oberste Gericht der DDR einen staatseigenen Strafprozess gegen Globke, an dessen Ende dieser in Abwesenheit wegen „in Mittäterschaft begangenen fortgesetzten Kriegsverbrechens und Verbrechens gegen die Menschlichkeit in teilweise Tateinheit mit Mord [...] zu lebenslangem Zuchthaus verurteilt“[48] wird. Die bürgerlichen Ehrenrechte werden ihm in der DDR auf Lebenszeit aberkannt. Betrachtet man allerdings alle Umstände des Prozesses, so kommt man nicht umhin, sich dem allgemeinen westdeutschen Fazit anzuschließen, dass es sich um einen politischen Schauprozess handelt, der in Wahrheit nicht darauf abzielt, die Person Globkes zu treffen, sondern das westdeutsche Regierungssystem, hier vor allem dessen Speerspitze Konrad Adenauer. Es ist jedenfalls auffallend, dass für den Prozess alle Fakten minutiös zusammengetragen werden, die Globke als schuldig im Sinne der Anklage überführen sollen. Hingegen werden die *für* ihn sprechenden Argumente und Beweise, die immerhin in nicht geringer Anzahl existent sind, geflissentlich übergangen. Das Endurteil des Prozesses verfehlt gleich in dreierlei Hinsicht seine Wirkung: *faktisch*, weil Globke nicht im Zugriffsbereich der DDR lebt und die Strafe selbstredend nicht anzutreten gewillt ist; *persönlich*, weil Globke von seiner Unschuld überzeugt bleibt; und *politisch*, weil es schlicht zu spät kommt, zeichnet sich Adenauers

---

[48] Vgl. Bästlein, S. 189 f.

Rückzug aus dem Amt des Bundeskanzlers doch bereits am Horizont ab, und Globke wird zeitgleich ohnehin sein Rentenalter erreichen.

Am 15. Oktober 1963 ist es schließlich soweit: Hans Globke scheidet, zusammen mit seinem Dienstherrn, Konrad Adenauer, aus dem Bundeskanzleramt. Globke bleibt Adenauer weiter zu Diensten, allerdings in einem vollkommen neuen Bereich: Er unterstützt den Kanzler a. D. beim Verfassen seiner Memoiren und arbeitet ihm zu, sozusagen als wissenschaftlicher Mitarbeiter und Projektbetreuer. Die gleiche Funktion erfüllt Adenauers Sekretärin Anneliese Poppinga, wobei Globke zudem in Verhandlungen mit Verlagen tritt, die er für eine Veröffentlichung der Memoiren für geeignet hält.

Als Konrad Adenauer am 19. April 1967 stirbt, erarbeitet niemand anderes als Hans Globke das Konzept für dessen Beisetzungszeremonie. Und wenig später geht Globke erneut auf Tuchfühlung mit Adenauers Hinterbliebenen sowie mit dem Bundesinnenministerium, um die Möglichkeit der Errichtung einer Gedenkstätte für Konrad Adenauer zu sondieren. Am 22. Mai 1967 schreibt er in einem Brief an Carl Gussone (Referatsleiter im Innenministerium):

> *Es ist bemerkenswert, wieviele Menschen Tag für Tag nach Rhöndorf kommen. Minister Lücke hat mit der Familie Adenauer gesprochen, wie man sein Haus als Erinnerungsstätte erhalten könne.*[49]

Einen Monat später folgt das praktische Ergebnis: Die Kinder Adenauers schenken dem Bund Haus und schriftlichen Nachlass Konrad Adenauers zum Zwecke der Errichtung eines Archivs sowie einer Gedenkstätte. Erste Geschäftsführerin der auf diesem Wege entstandenen *Stiftung Bundeskanzler-Adenauer-Haus* wird Anneliese Poppinga.

Globkes Wunsch, sich am Ende seiner Tage in der Schweiz bei Vervey niederzulassen und seinen Lebensabend dort zu verbringen, stößt aufgrund seiner fragwürdigen Vergangenheit bei der Schweizer Regierung auf Ablehnung. Es folgt eine Zeit der langen Krankheit in Bonn, wo Globke am 13. Februar 1973 an einem multiplen Myelom verstirbt. Am 19. Februar 1973 wird er auf dem Bonner Zentralfriedhof bestattet.

---

[49] Brief von Globke an Gussone vom 22. März1967. Vgl. Krekel, Michael: Stiftung Bundeskanzler-Adenauer-Haus. Düsseldorf 1993, S. 31

Globkes Persönlichkeit

Nachdem wir das Wirken von Globke in vier Epochen deutscher Geschichte nun ausführlich behandelt haben, möchte ich ergänzende Informationen allgemeiner Art zu seiner Persönlichkeit nachliefern: Die Körpergröße von Hans Globke betrug 1,70 Meter. Im Wesen galt er als zurückhaltend und introvertiert, wenn nicht gar als gehemmt. Erwartungsgemäß war seine Handschrift exakt und gut lesbar. Im Amt betrug er sich bürokratisch, zuweilen pedantisch. Andererseits war er bekannt für seine außerordentliche Höflichkeit sowie seine außeramtliche Geselligkeit in Stammtischrunden und Kartellverbänden. Hier war er geschickt im Knüpfen von Kontakten und in der Kunst des Vernetzens. Er pflegte jedenfalls auch enge Freundschaften zu Kollegen im Bundeskanzleramt, etwa zu dem CDU/CSU-Fraktionsvorsitzenden Heinrich Krone, der nur Gutes über Globke zu berichten wusste. Globke war nicht zuletzt aufgrund seiner schwierigen NS-Vergangenheit vollkommen frei von Eitelkeit und von politischem Machtstreben. Er hielt sich vielmehr im Hintergrund und sprach selten. Wenn er sich zu Wort meldete, dann immer knapp, präzise und konzentriert. Er nahm sich aber sehr viel Zeit für persönliche Gespräche, dies auch und bevorzugt in Telefonaten. In der Kunst der telefonischen Kommunikation erreichte er eine unübertreffliche Meisterschaft.

Über Globkes Loyalität im Amt ist viel geschrieben und noch mehr berichtet worden. Sie ist legendär. Lassen Sie mich zur Relativierung aber eines sagen: Globke hat sich im August 1934 auf Adolf Hitler vereidigen lassen. Er hat diesem offiziell seine Gefolgschaft geschworen. Wie ist es bestellt um die Loyalität eines Beamten, wenn er dienstliche Angelegenheiten, die als geheim eingestuft sind, an Außenstehende weitergibt, überdies an Personen, die ihm als systemfeindlich bekannt sind. Darf ich diese Frage stellen? Globkes Loyalität und Verschwiegenheit waren dann gegeben, wenn er sie vor seiner eigenen Gesinnung vertreten konnte. Das wird in seiner Funktion als Staatssekretär Konrad Adenauers weitgehend der Fall gewesen sein. Auch seine Privatkontakte, Familie, Freunde und Bekannte konnten sich seiner Loyalität gewiss sein. Aber war er ein loyaler Beamter des Dritten Reiches gewesen? Positiv formuliert: Letzte Instanz für Globkes Loyalität war sein eigenes Gewissen. Hitler gegenüber hat er sich nachweislich illoyal verhalten. Natürlich war das moralisch richtig. Es bleibt aber festzuhalten, dass Globkes Loyalität Grenzen kannte, ob man dies nun positiv oder negativ wertet.

Ein möglicher, versteckter Hinweis auf einen unschönen Wesenszug Globkes findet sich ausgerechnet in einer kleinen Adenauer-Anekdote: Bei einem Aufenthalt in Paris lässt der Bundeskanzler aus seinem Hotelzimmer einen Bibliotheksband mitgehen. Es handelt sich um Stefan Zweigs Biografie über Napoleons Polizeiminister Joseph Fouché, eine ebenso intelligente wie skrupellos-intrigante Persönlichkeit. Adenauer entwendet das Buch mit den Worten: „Das bringe ich dem

Herrn Globke mit." Ein Seitenhieb auf Globkes Charakter? Eine Aufmerksamkeit Adenauers, der um das historische Interesse seines Staatssekretärs weiß? Ein Spiel mit dem Globke-Mythos? Was kann Adenauer mit seiner humorigen Anmerkung gemeint haben?

Man kann die Episode wohl getrost im Bereich der Mythen und Legenden belassen. In Wahrheit hat Adenauer vorbehaltlos hinter Globke gestanden. Er schätzte Globke, weil dieser die Funktion eines Staatssekretärs perfekt erfüllte: wenig eigeninitiativ, kaum ehrgeizig oder mit politischem Gestaltungswillen ausgestattet (ganz im Gegensatz zu seinem Vorgänger Otto Lenz), koordinierte Globke die Alltagsgeschäfte dennoch – oder gerade deswegen – mit sagenhafter Diskretion und Effizienz. Wie tief dabei Adenauers Vertrauen in die Loyalität und Kompetenz und ja, auch in die moralische und strafrechtliche Unschuld seines wichtigsten Mitarbeiters war, geben seine folgenden schriftliche Zeilen an Globke wieder: „Es drängt mich, Ihnen aber zu sagen, dass Sie mein vollstes Vertrauen besitzen."[50] Das ist stark und wiegt schwer aus der Feder eines Dienstherrn, der bekanntermaßen sparsam umzugehen pflegte mit Lob und Gefühlsbekundungen gegenüber seinen Mitarbeitern. Es spiegelt zweifelsohne Adenauers tatsächliche Einschätzung von Globkes Persönlichkeit wider, jedenfalls sehr viel richtiger als die oben zitierte Anekdote. Und ähnlich schreibt Adenauer in einer Geburtstagsgratulation aus Cadenabbia an seinen Staatssekretär: „Von Herzen danke ich persönlich Ihnen für Ihre Arbeit. Ohne Sie, ohne unser so harmonisches und treues Zusammenarbeiten hätten wir die Erfolge nicht erreicht, die wir erreicht haben. Sie wissen, daß diese meine Worte sehr ernst gemeint sind."[51]

---

[50] Vgl. Lommatzsch, S. 164

[51] ACDP, Nachlass Globke, 1/1, 1

Nachwort

Man kann trefflich streiten über Globkes Schuld. Unstrittig ist jedoch, dass Globke wusste um die menschlichen Verbrechen, die ein System verübte, in dessen Dienst er stand, sei es aus beruflichem Ehrgeiz oder um Schlimmeres zu vermeiden. Und Globke wurde vom NS-System für seine Dienste bezahlt. Diesem Faktor wird in der bisherigen Literatur meiner Meinung nach zu wenig Aufmerksamkeit geschenkt, womöglich, weil man ihn für selbstverständlich ansieht. Daher sei es an dieser Stelle noch einmal ausdrücklich gesagt: Globke wurde während des Dritten Reiches vom nationalsozialistischen Staat bezahlt, nicht von politisch Verfolgten, nicht von der katholischen Kirche und auch nicht von Widerstandsgruppen, sondern vom NS-Staat. Meines Wissens hat er auch in der Spätphase des Nationalsozialismus kein privates Konto eingerichtet, auf das Teile seines Gehaltes geflossen wären zur späteren Unterstützung der Opfer des Nationalsozialismus oder von deren Nachkommen.

Wie hat Globkes Förderer und Beschützer, Konrad Adenauer, die allgemeine Frage der Weiterbeschäftigung im Dienst des NS-Staates beurteilt? Eine Stellungnahme hierzu findet sich in den *Tee-Gesprächen*: „Ich für meine Person muss Ihnen sagen, ehrlich, ohne daß ich ein Urteil über diejenigen fällen will, die geglaubt haben, mitarbeiten zu müssen, ich würde nicht weitergemacht haben unter dem Nationalsozialismus, einmal, weil ich das innerlich nicht gekonnt hätte und weil ich mir gesagt hätte, wenn so viele mitarbeiten, hat man ein Instrument in der Hand, um Tendenzen zur Durchführung bringen zu können.“[52]

Wir sprechen hier wohlgemerkt noch von den Anfangsjahren des Dritten Reiches. Es hätte Globke aber auch zu jeder späteren Phase des Nationalsozialismus offen gestanden, seine Anstellung zu kündigen, so wie es sein zeitweiliger Vorgesetzter, der Judenreferent Bernhard Lösener, getan hat. Dieser hat angesichts der nicht mehr aufzuhaltenden Gräueltaten, die von den NS-Verbrechern begangen wurden, seine Anstellung beim Innenministerium – wenn auch viel zu spät und sicher nicht ganz so konsequent, wie es die Selbstaussage nahelegt! – gekündigt mit folgenden Worten: „Meinen Verbleib in meiner bisherigen Stellung und im Ministerium könnte ich fortan nicht mehr mit meinem Gewissen vereinbaren [...]. Ich habe in mir innen einen Richter, der mir sagt, was ich tun muss.“[53]

Diesen Absprung hat Globke verpasst. Sein innerer Richter hat geschwiegen, oder aber er hat ihm befohlen, weiter im Amt zu verharren, um „Schlimmeres zu verhindern.“ Ab 1941, spätestens aber bei der Leitungsübernahme des Reichsinnen-

---

[52] Rudolf Morsey/Hans-Peter Schwarz (Hrsg.): Adenauer. Rhöndorfer Ausgabe. Teegespräche 1950-1954. Bearbeitet von Hans Jürgen Küsters. Berlin 1984, S. 88 f.

[53] Bästlein, S. 236. Vgl. auch Lösener, S. 311

ministeriums durch Heinrich Himmler im Jahre 1943, konnte Globke jedoch das ganze verheerende Ausmaß des Holocausts und vor allem dessen Unaufhaltsamkeit richtig einschätzen und er hätte entsprechend reagieren können. Das hat er nicht getan. Vor diesem Hintergrund wirkt die Sichtweise des Historikers Magnus Brechtken bestechend: „Wer 1955 sagte, er habe ‚Schlimmeres verhüten' wollen, hätte schon damals die Rückfrage erhalten können, was denn angesichts von sechs Millionen ermordeten Juden, drei Millionen bewusst dem Hungertod preisgegebener sowjetischer Kriegsgefangener, der Vernichtungspolitik im eroberten Osten, dem systematischen Terror in weiten Bereichen der deutsch-europäischen Herrschaftspraxis noch ‚schlimmer' war als diese Taten."[54]

Dieser Vorwurf bleibt bestehen. Globke wäre ihm wohl begegnet mit der Erwähnung seines Kontaktes zu Kreisen des Widerstandes und seiner heimlichen Teilnahme am Umsturzversuch von 1944 sowie seinem Beistand für die Familien einiger in diesem Zusammenhang in Haft gesetzter Personen. Bis zu einem gewissen Grad ist diese Argumentation auch zutreffend. Und letztlich sollte man nicht außer Acht lassen, dass Globkes vergleichsweise wichtige Position im Innenministerium ihn bis zuletzt vor einem Einsatz an der Ostfront bewahrte. Globke ist jedenfalls kein Schreibtischtäter gewesen. Er hatte keine Entscheidungsgewalt in der Judengesetzgebung. Das ist nachweisbar und konnte hoffentlich in der vorliegenden Veröffentlichung herausgearbeitet werden. Globke hat Entrechteten im Rahmen seiner Möglichkeiten nachweislich Hilfe geleistet. Er war weder Nationalsozialist noch Antisemit. Und dennoch darf man sich als Fazit durchaus die Frage stellen, ob er Staatssekretär der jungen Bundesrepublik Deutschland werden durfte. Man sollte bei dieser Frage die Außenwirkung einer solchen Personalentscheidung nicht außer Acht lassen. Margarete Sommer, die Leiterin des Hilfswerks beim Bischöflichen Ordinariat zu Berlin, die Globke kannte und um seine Hilfeleistung im Verborgenen wusste, kam zu dem vertretbaren Schluss, dass Globkes Position im Reichsinnenministerium zu exponiert gewesen sei, um ihn in der jungen Bundesrepublik in eine derartige Stellung zu berufen.[55]

Es gab Alternativen zu Globke. Es gab andere, weniger angreifbare Menschen, kompetente Beamte, die Globkes Funktion im Kanzleramt hätten erfüllen können, höchstwahrscheinlich nicht mit der gleichen verwaltungstechnischen Brillanz, wohl aber mit annähernder Kenntnis und Gewissenhaftigkeit, sodass am Ende ein ähnliches qualitatives Ergebnis hätte erzielt werden können. Dies ist keine Frage von Schuld oder Nichtschuld, sondern eine Frage der personellen Eignung. Globke muss eine dahingehende Vorahnung gehabt haben, als er 1951 dem Bundeskanzler seinen Rücktritt anbot.

---

[54] Brechtken, S. 265

[55] Margarete Sommer an Gertrude Luckner, 21.11.1953. Vgl. Lommatzsch, S. 128

Konrad Adenauer entschied pragmatisch. Er hielt an seinem besten Mann fest und machte ihn 1953 zum Staatssekretär, eine fragwürdige, aber mutige Entscheidung und ein deutliches Signal für die Integrationsbereitschaft einer jungen Demokratie gegenüber dem weitaus größten Teil der alten NS-Beamtenschaft.

Quellen und Literatur

Archiv für Christlich-Demokratische Politik (ACDP), Nachlass Globke

Ausschuß für deutsche Einheit (Hrsg.): Globke und die Ausrottung der Juden. Berlin (Ost) 1960

Ders. (Hrsg.): Globke. Der Bürokrat des Todes. Berlin (Ost) 1961/1962

Bach, Franz Josef: Konrad Adenauer und Hans Globke. In: Blumenwitz, Dieter u. a. (Hrsg.): Konrad Adenauer und seine Zeit, Bd. I. Stuttgart 1976, S. 177ff.

Bästlein, Klaus: Der Fall Globke. Propaganda und Justiz in Ost und West. Berlin 2018

Baring, Arnulf: Im Anfang war Adenauer. Die Entstehung der Kanzlerdemokratie. München 1969

Baumann, Heiko/Herz, Thomas: Der „Fall Globke". Entstehung und Wandlung eines NS-Konflikts. In: Herz, Thomas (Hrsg.): Umkämpfte Vergangenheit. Diskurse über den Nationalsozialismus seit 1945. Leverkusen 1997, S. 57-108

Bevers, Jürgen: Der Mann hinter Adenauer. Hans Globkes Aufstieg vom NS-Juristen zur Grauen Eminenz der Bonner Republik. Berlin 2009

Brechtken, Magnus: Nürnberger Gesetze. Nachgeschichte und Historiografie: Der Fall Globke. In: Die Nürnberger Gesetze. 80 Jahre danach. Vorgeschichte, Entstehung, Auswirkungen. Göttingen 2017. S. 249-266

Ders./Jasch, Hans-Christian/Kreutzmüller, Christoph/Weise, Niels (Hrsg.): Die Nürnberger Gesetze. 80 Jahre danach. Vorgeschichte, Entstehung, Auswirkungen. Göttingen 2017

Buchheim, Hans: Nachruf. Ein schöpferischer Verwaltungsbeamter. In: Frankfurter Allgemeine Zeitung, 16. Februar 1973

CIA-Akte Hans Globke. In: National archives. Record Group 263. Records of the Central Intelligence Agency. Textual Records. Hans Globke. Image #270 ff.

Draeger, Marcel: Die Ära Adenauer und der lange Schatten des Nationalsozialismus. Das Fallbeispiel Dr. Hans Globke. Hausarbeit 2018

Eschenburg, Theodor: Globke im Sturm der Zeit. In: Die Zeit, 10. März 1961, S. 5

Globke. Böse Erinnerungen. In: Der Spiegel, Nr. 14, 1956, S. 14-25

Goldschmidt, Dietrich: Dr. Globke und der politische Humanismus. Eine Kontroverse nach dem Kirchentag 1961. In: Junge Kirche. Protestantische Monatshefte. Dortmund 1962, Beilage/Sonderdruck

Gotto, Klaus (Hrsg.): Der Staatssekretär Adenauers. Persönlichkeit und politisches Wirken Hans Globkes. Stuttgart 1980

Hehl, Ulrich von: Hans Globke (1898-1973). In: Zeitgeschichte in Lebensbildern. Band 3. Aus dem deutschen Katholizismus des 19. und 20. Jahrhunderts. Hrsg. von Jürgen Aretz, Rudolf Morsey und Anton Rauscher. Mainz 1979, S. 247-259

Jacobs, Norbert: Der Streit um Dr. Hans Globke in der öffentlichen Meinung der Bundesrepublik Deutschland 1949-1963. Ein Beitrag zur politischen Kultur in Deutschland. Dissertation. Bonn 1992

Laschet, Oliver: Der Fall Hans Globke. Hausarbeit 2002

Lösener, Bernhard: Als Rassereferent im Reichsministerium des Innern. In: Vierteljahreshefte für Zeitgeschichte. Herausgegeben im Auftrag des Instituts für Zeitgeschichte München. Jahrgang 9 (1961), Heft 3, S. 262-313

Lommatzsch, Erik: Hans Globke und der Nationalsozialismus. Eine Skizze. In: Historisch politische Mitteilungen. Archiv für Christlich-Demokratische Politik. 10. Jahrgang. Köln 2003

Ders.: Hans Globke (1898-1973). Beamter im Dritten Reich und Staatssekretär Adenauers. Frankfurt am Main 2009

Morsey, Rudolf: Politische Entscheidungshilfe für Bundeskanzler Adenauer. Die Rolle des Staatssekretär Hans Globke. In: Schriften zum Öffentlichen Recht, Band 950, Institutionenwandel in Regierung und Verwaltung. Berlin 2004, S. 387-396

Müller, Kay/Walter, Franz: Graue Eminenzen der Macht. Küchenkabinette in der deutschen Kanzlerdemokratie. Von Adenauer bis Schröder. Wiesbaden 2004

Ramge, Thomas: Braune Eminenz. Hans Globke und die Nürnberger Rassegesetze (1950-1963). In: *Ders.*: Die großen Polit-Skandale. Eine andere Geschichte der Bundesrepublik. Frankfurt am Main 2003, S. 46-64

Reichsbürgergesetz vom 15. September 1935. Gesetz zum Schutze des deutschen Blutes und der deutschen Ehre vom 15. September 1935. Gesetz zum Schutze der Erbgesundheit des deutschen Volkes (Ehegesundheitsgesetz) vom 18. Oktober 1935. Nebst allen Ausführungsvorschriften und den einschlägigen Gesetzen und Verordnungen. Erläutert von Staatssekretär Dr. Stuckart u. Oberregierungsrat Dr. Globke. Kommentare zur deutschen Rassengesetzgebung, Band I. München, Berlin 1936

Reinhardt, Stephan: Der Fall Globke. In: Die Neue Gesellschaft. Frankfurter Hefte 42. 1995, S. 437-447

Strecker, Reinhard-M. (Hrsg.): Dr. Hans Globke. Aktenauszüge. Dokumente. Hamburg 1961

Danksagung

Mein ganz besonderer Dank geht an Professor Dr. phil. Dr. med. habil. Werner E. Gerabek für die Publikation des Buches sowie an Anna Schömburg für die Durchsicht des Manuskripts auf formale Mängel!

Bildnachweis

Coverabbildung: Hans Globke im März 1963, am Schreibtisch sitzend (Bundesarchiv, B145 Bild-FO15051-0008 / Patzek, Renate / CC-BY-SA 3.0)

Personenregister

Aufgenommen sind in der Regel nur die im Text genannten Personen. Hans Globke, Konrad Adenauer und Adolf Hitler sind aufgrund ihrer häufigen Erwähnung nicht aufgeführt.